雖然對未來很迷惘
但沒關係
從找自己開始吧！

美 LIFE 創辦人
長谷川朋美

瑞昇文化

前言

將失戀化為轉機的倫敦單人遊

大家好，我是美 LIFE 的創辦人，長谷川朋美。

妳和妳自己相處得有多好？

還有，如果請妳描述妳和自己的關係，那會是怎麼樣的關係呢？

像願意聽你傾訴煩惱的朋友一樣好嗎？

或是相知相惜的同志？競爭對手？還是說，其實覺得這個人根本一點就靠不住……是這種難過而令人厭惡的存在？

我認為，自己才是「人生的最強夥伴」。

過去我是個缺乏自信的人，但從某一段時期開始，我了解到內心的自己一直都在鼓勵我：「沒問題！」、「妳一定做得到！」、「我會好好看著妳的！」

當我學會像這樣與自己對話後，便感覺湧出了自信，有辦法抬頭挺胸活下去了。

覺得孤獨的人、鬱鬱寡歡的人、喪失自信的人，其實不是妳沒用，搞不好只是沒有好好和自己對話而已。

這本書裡，收錄了讓我 100% 活出理想人生的「自我心靈教練」，或許可以帶給各位讀者一些啟發。

自我心靈教練的意思，是進行自我提問，並透過回答來體察自己真正的想法，源自「每個人心中自有答案」的想法。

我想在這本書中，寫寫我平常是怎麼樣和自己溝通、問自己什麼樣的問題、怎麼樣「讓自己成為人生的最強夥伴」。

只要讓自己成為人生的最強夥伴，妳會發現，下面這些事情妳都能以

非常驚人的速度實踐！！
‧真誠面對自己，過上讓自己接受的人生
‧對自己更有信心
‧夢想一個接一個實現

從 109 百貨的超人氣店員轉變成經營者

在這裡，容我先介紹一下我自己。

我 17 歲時自高中輟學，找不到上學意義何在的我，發現自己對時尚美容懷抱著熱忱，於是便打工存錢，獨自一人來到了東京。當時，SHIBUYA109 是年輕人心馳神往的百貨公司，我如願以償進了公司，後來還當上「超人氣店員」，多次獲得上雜誌與電視節目的機會。

後來，我強烈地渴望「自己做生意」、「活得更自由、更像自己」，於是 22 歲時創立了美容沙龍，後來 8 年共經營了 6 間分店。一直到 30 歲，我碰到了人生的轉捩點。至於是什麼樣的轉捩點，留到後面再說，總之我完全放下了過去經營的沙龍。

在那之後，我活用累積的技能和經驗，以美容師的身分出席講座，也擔任一些企業的顧問和諮商師。

現在，我飛往日本各地以及海外，一年出席 10 場左右的講座、撰寫書籍和專欄、經營有機商品的網路商店、也主理一間為女性量身打造的學院。

我的工作，就是幫助女性在身心方面都過得健康、美麗、且豐饒又幸福，活出自己理想的模樣。

截至目前，我非常忠於自己「想要這樣！」、「想要那樣！」的熱忱，並實現了所有我發自內心「想要實現」的事情。

不過，這並不是因為我比較特別。

是因為我像前面說過的，「讓自己成為了人生的最強夥伴」，向自己的內心聽取各式各樣的想法、交換意見，有時相互衝突、有時受到鼓勵、有時也接受建議，和自己分享了諸多經驗和情感的關係。

再這樣下去我的人生就要結束了⋯⋯

我想先跟大家聊聊，是什麼樣的契機，使我決定讓自己成為人生的最強夥伴。

十幾歲時，我便進入了嚮往多時的服飾業，每天都過得十分快樂。不過 20 歲時碰上辣妹時尚的風潮改變，算算自己的年紀，我想通了⋯⋯未來恐怕沒辦法繼續從事這份工作了。

每天過得跟派對沒兩樣的我，突然認真思考起未來的人生規劃，於是一股龐大的不安襲上心頭。

之所以這樣，是因為我前面也說過，我高中並沒有讀完，既沒有學歷，也沒有足以向人誇耀的技能和經歷，再加上跟當時交往的男朋友之間又貌合神離的。人生碰上了一堵高牆，不知道未來到底該怎麼活下去。

這時，我邂逅了令我感到「命中注定」的人。

我們相互吸引，而且馬上就開始交往，但沒想到決定交往後才 1 個禮拜，我就不明不白地被甩了⋯⋯！

我完全聯絡不到他，無計可施，整天以淚洗面。而且當時剛好才離職不久，精神方面也不夠穩定，完全不知道該如何是好，就先解約了東京的房子，暫時搬回千葉的老家住。

但過了一陣子後，我開始心想：「再這樣下去我的人生就要結束了⋯⋯」、「我必須有所行動！必須有所改變⋯⋯！」

想是這樣想，但想來想去都還是鬼打牆：「可是我又不知道怎麼辦」、「我什麼也不想做」。這時，唯有一件事情讓我心生「試試看」的念頭，

就是獨自前往國外旅行。

　　會有這個想法，是因為甩了我的那個男生曾告訴我，他高中畢業後當了 2 年的背包客，旅遍各個國家。

　　我的出國經驗不多，只有好朋友家庭旅遊時帶著我一起去過一次關島，還有因為拍攝工作待過幾天夏威夷而已。自己規劃、而且還是獨自旅行，對當時的我來說可是一大挑戰。

　　我會被他吸引的其中一項理由，就是明明我們只相差一歲，但他卻曾一個人旅行全世界、廣結善緣，在每個落腳的地方都能找到各種工作來做。我總是沉醉在他的故事之中，彷彿在閱讀一部冒險小說一樣。

　　他不管怎樣，每天就是過著 100% 快樂的生活，碰到任何想做的事情都馬上挑戰看看。而且他總是開朗地談論著夢想，也非常受到周遭人們的喜愛。那時的我十分崇拜他那樣的生活方式。

　　「我想要做出一些改變，可是不知道該怎麼辦。」原本一直這麼想的我，突然開始做起夢來，心想：「只要跟他經歷相同的事情，搞不好就可以變成跟他一樣的人了。」

將旅程中感受到的事情全部寫在筆記本上

　　於是，我為了 2 個星期的倫敦單人遊，砸下所有儲蓄，先買了特別便宜的機票。

　　為什麼會選擇倫敦，是因為我唯一一個住在國外的朋友就在倫敦。我那位高中朋友當時在英國留學，我拜託她：「拜託讓我住一陣子！我睡地板就可以了！」總算是解決了住宿問題。

　　打出生以來第一次獨自搭飛機，我從那時開始就十分興奮，感覺自己好像成了冒險故事的主角，似乎也多少忘了前陣子的鬱悶。

　　不過一個人的時候還是會感到憂鬱。我總會想起各種事情，而且對於

未來人生的不安再度湧現，整個人負能量滿滿。

不過我決定要「在這趟旅程中寫日記！」所以我將旅程中想到的、感覺到的，包含負面的情感，通通寫在筆記本上了。

這麼做之後呢，我感覺好像舒服了一點。

我從搭去程的班機開始，就把感受到的龐大情感全部寫了下來。不過，內容還真陰沉呢……。大概就是下面這種感覺吧——

被他甩了之後，我完全不知道該如何是好。但我想要改變自己，所以決定要出發去旅行。我會因為這趟旅程而改變嗎？是說到底為什麼我會被他甩呢？我到底做錯了什麼？但一定是因為我怎樣怎樣的關係吧，畢竟我……

抵達倫敦後，還有下一個階段的冒險在等著我。

第一次造訪的遙遠異國，第一次見到的風景、聽不習慣的語言、來自各國的人們穿梭在車站和街道。

「啊，在這片土地，沒有任何人認識我。我只有孤身一人了。」這份感覺令我不安，同時也讓我雀躍了起來。我想這使我產生了期待，期待「自己可能有辦法在這個國度脫胎換骨」。

前往朋友家時也充滿了興奮、雀躍、心驚膽跳。

要從機場前往城裡必須要轉乘電車和公車。不會說英語的我，就靠著一些單字片語向行人問話，開始了倫敦行。

那個時代還沒有智慧型手機，根本沒有網路可以用，也沒有什麼Google map，只能攤開紙張地圖找路。一切都是非數位的。

這些經驗，到了現在也全都轉化成美好的回憶，令我更有自信。

把陰鬱的日記變成正能量日記

　　我待在倫敦的 2 個星期雖然有朋友照應，但她從早到晚都在學校忙，所以我幾乎都是一個人。我擁有大把閒暇時間，卻沒幾個錢，於是就搭上一班又一班電車、公車，在倫敦各處的街道走走逛逛。

　　在倫敦，不管走到哪裡都看得到公園和河川，風景真的很漂亮。我不只是到處走走，也會坐在公園的長椅上和河邊，在筆記本上寫下偶爾發生的心境變化，還有想到的事情。

　　結果怎麼樣呢？原本寫滿負面事物的日記，慢慢冷靜了下來，甚至還開始給自己一些建議了呢！比方說像下面這樣——

　　我的個性容易想東想西，如果說要改變這一點，那該怎麼做才好呢？該怎麼樣才能成為像他那樣不被他人和外在情況影響的人呢？我不就是為了尋找這個答案，才來到這裡的嗎？我現在能做的……

　　而在倫敦待了一個星期後，我的日記又變成這樣了——

　　到底要變成什麼樣子，才是最理想的我呢？舉出我心目中 10 個好女人的條件怎麼樣？理想的我從事什麼樣的工作、住在什麼樣的房子、開著什麼樣的車？那時的伴侶會是怎樣的人，又是怎麼樣的關係呢？

　　那段期間，我已經自然培養出影響我至今的「自我心靈教練術」了！！

　　為什麼我會自然而然地問出這些問題呢？我猜大概是我在旅途的一開始就把心中的一切全部吐露在筆記上，並客觀地看待，成功以第三者的角度檢視自己的關係。

　　有辦法以客觀角度看待事情後，就會更加了解自己，包含好的方面與壞的方面。甚至還開始覺得「自己好像還滿可愛、滿惹人憐的」。

　　即使沮喪，也開始會跟自己說：「沮喪什麼啊？有什麼討厭的事情就

寫給我看，全部寫下來後，再一次掛起笑容吧」

　　就這樣，我自然而然學會如何和自己進行對話。

心中的兩個我在打架

　　過上那樣的一星期後，我慢慢找回自己該有的樣子，也重拾了信心。還開始期待「回到日本後要做些什麼呢？」對回國後的新生活滿心期待。

　　對於甩了我的男人，我也下定決心要「讓他好看！！要成為一個讓他後悔把我甩掉的好女人！！」這份決心之中並沒有任何負面的情感，而是滿滿的正能量。

　　才這麼想……卻又發生了一件考驗我決心的突發狀況。想不到那個甩了我的男人竟然傳了郵件給我……！

　　郵件內容如下：「我一直瞞著妳，其實我那個時候是有女朋友的。我怎麼樣也沒辦法背叛她……對不起。但我還是喜歡朋美，我會和她分手的，所以我們交往吧。」

　　我欣喜若狂，但另一方面有兩件事情令我感到困惑。

　　第一，我已經決定「回到日本後要好好磨礪自己，要他好看！」而且以他不在的前提下計畫好各式各樣的行動了。

　　第二，就算他現在這麼說，也難保之後不會變心。雖然原本還要待在倫敦一個禮拜，但得趁他改變心意之前趕快回日本見他！

　　有那麼一瞬間，過去的我又跑了出來，甚至還查詢了哪班飛機可以比較快回到日本。

　　但這時，在倫敦形成的新的我跳出來了。「如果現在回國的話就重蹈覆轍了喔。不是已經決定好我要改變，變成一個好女人了嗎？如果我是個好女人，碰到這種狀況會怎麼做呢??」

　　心中的兩個我打起架來了。

　　最後，我決定讓「成為好女人的自己」做出選擇。

雖然這封信令我高興得整個人都要跳起來，但冷靜下來後我便回覆他：「雖然很令人開心，但離我回國還有一個禮拜，這段時間先讓我好好想清楚。還有，之前聽你說了很多國外的見聞，現在我實際體驗到了，真的很令人感動！謝謝你給了我這麼棒的契機！」

剩下的一星期，我變得更冷靜，開始書寫有關未來的生活方式、工作、伴侶的種種。

我埋頭於分析現況，計畫未來。看看寫下的一切，發現了什麼就再寫出來。

在倫敦的兩個星期，我碰到了很多人，走訪了很多地方，養成了各種感覺，是一段使我更加成熟的日子。

回到日本後，我和他正式開始交往，並且馬上開始同居，也開始磨練自己、創立自己的事業。

藉由這趟旅行，我養成了一項維持至今 16 年的習慣，那就是「和自己對話」。

如果沒有這份經驗，就不可能有現在的我，更別提出書、還有創辦學院告訴大家面對自己的重要性以及方法了。

把看起來不好的「失戀」，變成自己的機會。在抓住這個機會的過程中，我不斷地去「面對自我」。我發自內心感恩自己，能擁有這份經驗。

環境改變，心境就會改變

 如果「不知道該如何是好」，覺得自己鑽進了死胡同，可以嘗試出發去旅行。客觀看待自己，就能獲得看待事情的全新角度。任何時候，我們都可以主動選擇所處環境。

不要以現在的自己做選擇，
讓想要變成的那個自己做選擇

如果碰到難以抉擇的狀況時，試想看看「理想的自己會怎麼做？」慢慢累積，未來就會大大改變。

Contents

How to Use

本書的使用方法

　　這本書和妳過去見過的許多書本最大的不同，就在於不會讀完就結束了。請好好保存這本書，反覆看看自己寫下的東西，也可以重新寫上不同的答案。

　　這本書不只是一本書，請將它視為附指南的自我筆記。就算只花1個禮拜或1個月就回答完書中問題，還是請妳繼續保存到3個月後、半年後、1年後、3年後、10年後，並回過頭來重看一遍又一遍。

　　這是因為，妳心中的答案也會隨時間產生變化。

　　而且看看自己寫下的東西，就可以和「過去的自己」以及「未來的自己」進行對話了。

●該怎麼樣回答問題？

　　書中收錄了許多問題，一開始先不要想太多，依照直覺寫寫看。

　　就算填了答案，妳心中的答案還是會不時變動。如果答案不一樣了，重新填寫即可。

　　總之先練習將想到的事情用文字寫下來吧。

　　這麼一來，就能慢慢整理好自己的思緒和心情了。

　　如果總想著要寫下正確解答，或是顧自煩惱卻不動筆，那麼不管過多久都無法前進。必須將自己當下的心情誠實地寫下來。

●要用什麼寫？

可以的話，比起無法重寫的原子筆，建議使用自動鉛筆或任何可以擦掉筆跡的筆（魔擦筆之類的）。

我個人使用的是 0.4mm 的魔擦筆。

不過有件事情請各位多加注意，魔擦筆的筆跡是靠摩擦熱來消除的，所以要小心別誤把筆記本放在溫熱的東西上，否則我們寫下的文字就會通通消失囉。

●如果不想直接寫在書上怎麼辦？

如果妳覺得「不太想寫東西在書上……」，或是書中的空格不夠寫的人，就另外準備一本筆記吧。

與其隨便拿一本筆記本來用，我建議挑選一本自己喜愛的筆記本，讓妳一拿起來就產生寫東西的興致。就算是設計簡單的筆記本，也可以貼上喜歡的貼紙，自由發揮。

筆記本的大小，我認為和本書一樣大，或是差不多 A4 大小比較適合。

因為如果要列清單和畫心智圖、剪貼照片，尺寸還是偏大一點會比較好用。

●筆記本最好帶著走嗎？

原則上，這本書和為了這本書準備的筆記本不需要隨身攜帶。我希望各位能放在家裡，每天稍微回顧一下過去的內容。

●要在哪裡寫？

基本上在哪裡都可以，但我希望各位能一面寫，一面往下讀，所以還是能夠靜下心來做事的地方最理想。

妳可以在家、或在喜歡的咖啡廳、甚至飯店的交誼廳也可以。

盡可能放鬆的狀態比較好，所以親自打理好環境也是一件重要的事情。在翻開這本書前，也許可以先稍微伸展一下、深呼吸，如果在家裡的話可以點個精油香氛，或裝飾幾朵花。

還有，重要的是關掉手機的音效和震動。可以的話調成飛航模式或是關機，打造一個能集中精神，好好面對自己的環境。

我不想被任何人打擾的時候，一定會開啟手機的飛航模式。

●什麼時候寫？

原則上什麼時候都行，但希望大家避開短暫的空檔時間和待辦事項間倉促的片刻。

建議花 1 個小時以上的時間，最少也要有 30 分鐘。

如果開始動筆，感覺越來越進入狀況時，突然不得不把書本闔上……

那真的很可惜呀。

　　一開始可能需要花點時間才能順利寫出來，但一筆一筆寫下來，回答起來也會越來越順利。所以進入狀態後給自己 1 個小時左右的時間來書寫最為理想。

　　再來，如果考量到集中力，早中晚三個時段我極力推薦早上書寫。

　　有人會想，可是我想在假日午後到喜歡的咖啡廳和飯店交誼廳寫……這樣也很棒。在興致高昂的時候書寫是一件非常好的事。

　　如果想等晚上，街上和家裡都安靜下來的時候好好思考再書寫的話，那晚上也不錯。

　　特別像是要回顧過去的深層問題，就非常適合在晚上處理。要回答這類問題時，請留給自己充裕的時間。

　　順帶一題，建議在早上回答能提升幹勁、能量滿滿的問題，還有能馬上回答出來的問題。而下午則建議回答令人心情雀躍的問題、還有能提升興致的問題。

●面對問題的方法

　　就像對待重要的人一樣，請抱持著愛對自己提問。

　　千萬別像審問一樣逼問自己，要溫柔、細心地詢問。

　　如果碰到難以回答的問題，可以先跳過，等到想寫時再回來寫就好。

　　還有，如果注意力不佳的時候，就先暫時把筆放下吧。別讓回答、書寫淪為「勞動」。

　　如果不用心面對自己，那就一點意義也沒有了。

#warmup

<u>習慣與自己對話</u>

我是昭和 56 年（1981 年）出生的，在我小學和國中時，非常流行寫一種叫「畢業紀念冊（也有人說好友手冊）」的冊子。

這是一種扣環式的檔案夾，裡頭放了很多張填寫個人資料的單子。我們會把這些單子拆下來發給朋友，他們寫完後再還回來，夾回畢業紀念冊裡收藏。

單子上的欄位包含姓名、地址、出生年月日、血型等基本個人資訊，還有喜歡吃的東西和喜歡的話等等，各種興趣、嗜好都可以寫在上面。

通常妳拿一張單子給朋友，對方也會給妳一張，所以自己也要幫對方寫好後還回去（交換）。看看朋友到底寫了什麼，真的是一件趣味十足的事情。

順便跟大家分享，我小學時把單子拿給喜歡的男生，讀他寫的東西時，真的整個人心頭小鹿亂撞呢。如果「喜歡的類型」那一欄有寫到和我相同的地方，就會讓我更在意對方，而如果寫了跟自己完全相反的特色，則會沮喪個一整天。

至於寫的那一方，也意想不到地有趣呢。

每本畢業紀念冊列的問題不盡相同，所以和很多朋友交換書寫，回答了許多問題，寫著寫著感覺好像更了解自己了。

等一下列出的問題清單，雖然還算不上「自我心靈教練」，不過作為暖身可是再適合不過了。

妳所寫出的答案不見得就是絕對的正解，並非再也不能改變，也不是那種⋯⋯需要跟其他人對答案的問題，所以還請放心，抱著輕鬆的心情回答吧。

POINT

☑ 先帶著愉快的心情，以自己舒服的步調回答問題，
習慣和自己進行傳接球

☑ 答案有很多個也 OK ！
想到什麼儘管寫下來

☑ 不用想得太複雜，比如「不同狀況下答案會不一樣」、
「不知道該怎麼回答好」，依照直覺回答就好

☑ 「一點也不令人雀躍」、「一直想不到答案」
的問題跳過也 OK ！

☑ 如果跳過一次的問題，回來再看還是覺得不好回答，
那就先空下來

喜歡的食物是， 第1名

第2名

第3名

討厭的食物是，

喜歡的電影是，「 」

喜歡的書是，『 』

喜歡的異性類型是， 的人

憧憬的人是，

＊同性異性都可以！

喜歡的一句話是，「 」

討厭的一句話是，「 」

喜歡的服飾風格是，

喜歡的髮型是，

喜歡的髮妝是，

想住在 的家裡

喜歡的場所（或是空間）是，

想去的國家是，

Step 1

#myself

11 個了解自己的提問

最珍貴的功課，就是以最珍重的態度
對待最珍惜的事物。

史蒂芬柯維（Stephen R. Covey）

11 Questions to Know Myself

明白價值觀
就有辦法管理自我

暖身運動準備得怎麼樣？

接下來的問題，可能需要妳更進一步思考才有辦法回答。這些問題會讓妳慢慢了解到自己的「價值觀」，請依照剛才的方式繼續回答。

平時總是庸庸碌碌的，應該不太會深入思考自己的價值觀吧。

然而，當我們一件件想起過去的事情和作過的選擇，並將當時的狀況具體想像出來，就能獲得許多幫助我們了解自己價值觀的線索。

了解價值觀，就能獲得人生的指南針。

如果我們可以依照自己的價值觀生活，充實感就會提升。

而且一旦了解了自己的價值觀，自我管理也能做得更好。

當妳在沮喪的時候就有辦法打起精神，當妳幸福的時候就會感覺更幸福。

如果我們往更深處挖掘，也會了解到自己的思路和行動模式，之後就更容易自我管理了。

POINT

☑ 比起思考，更重要的是品味感受！

☑ 和過去有關的問題，
請想像自己穿越了時空回到當下再回答

☑ 如果需要，可以閉上眼睛、將手放在胸前，
或是移動到可以一個人靜一靜的地方

☑ 如果碰到令妳感到有壓力的問題，覺得「好難回
答……」，可先跳過，答完其他問題後再回過頭來答

☑ 如果回來再看一次還是覺得很難，
就等到「我想寫！」的時候再寫也沒關係！

☑ 如果心有餘力，可以把回答時感受到的事情記錄下來

☑ 書上寫不下的時候，可以使用筆記本

☑ 寫出的答案越多越好！這樣可以更加了解自己

#excited

心情雀躍的時候，渾然忘我的時候

知道自己心情雀躍的瞬間，還有能令自己渾然忘我的事物是非常重要的。這可以幫助妳豐富人生，並且活得更像自己。

因為，從這些事物延伸出去，就能發現妳的「價值觀」。

想要面對自己，一切都從這裡開始。

如果覺得回答問題很難的朋友，可以先從生活周遭的事情開始。任何事情都好，妳平常做什麼事情的時候會感到快樂呢？喜歡日常生活中的哪一個瞬間、哪一個瞬間又令妳感到舒心呢？我們先從找出這些事情開始吧。

發現了一些新事物、讓誰誰誰感到開心、為了變美而做出努力……有沒有想到什麼呀？

把這些事情全部寫下來，然後綜觀所有妳寫下來的東西。

這麼一來，妳的心情變得如何？

有沒有發現妳寫下來的東西有哪些共通點和相異點？

就像這樣，我們會持續對自己提問，並從各種角度來檢視自己。

另外，我認為當妳心情雀躍、沉醉於某些事物中時，也可能會感覺時間一眨眼就過去了，或是做多少都不會累、不睡覺也感覺沒關係。

這就所謂「進入 Zone」的入神狀態。

如果這樣的時間在人生中越多，我想就可以說妳的人生過得越充實。

為了做到這點，首先我們要先從知道自己會對什麼心情雀躍，會沉醉於什麼事物之中開始。

尤其工作的部分占了人生的許多時間，如果工作有辦法變成這類令人心情雀躍、渾然忘我的事情，那麼每一天都能過得十分充實。

Q1 什麼樣的瞬間會讓妳感到心情雀躍呢？
試著寫出 3 項看看。

EX. 做旅遊計畫時、讀喜歡的書時、化妝時……等等

Q2 什麼樣的瞬間會讓妳渾然忘我呢？
試著寫出 3 項看看。

EX. 學習喜歡的事物時、參加喜愛歌手的演唱會時、拍照時……等等

#positive

增加正面情緒的時間

接下來的 3 個問題，都在探討怎麼樣的瞬間會使妳產生正面的情緒。日常生活中感到有點沮喪和不安時、找不到自己的核心價值觀在哪時，就回過頭來看看這裡的問題吧。

【 **Q3** 】「聽到這些話會很開心」裡頭寫下的話，可以試著對自己說說看。不光是要對自己說話，也要去思考理由。

比如說妳寫了「謝謝」，就找找看有什麼事情可以讓妳對現在的自己說聲「謝謝」。「謝謝妳今天也健健康康的」、「謝謝妳一直顧慮著我」等等，就算是稀鬆平常的事情，我們也要特別說出口。

那如果是「妳好漂亮」的話又如何呢？

如果對自己沒信心，不覺得自己漂亮，那就用心化個妝後對自己說：「妳今天比平常還漂亮耶！天下無難事，只怕有心人呢」，或是找找自己覺得很漂亮的地方，比如對自己說：「我的手還滿漂亮的呢」。

就像猜謎一樣，腦袋放軟一些，找出和自己溝通的方法吧。

從【 **Q4 / Q5** 】，了解到自己會在什麼地方覺得感動和幸福（喜悅）後，就有辦法把開啟這些情緒的開關，安插在日常生活之中。我認為擁有很多感動瞬間的人所過的人生，肯定也越精彩。

還有，如果要增加幸福感，提高感受力也十分有效。

如果平時就去細細品味各式各樣的情感，妳就會對小小的情感波動更加敏銳，更容易發現小確幸。

僅此一次的人生，不覺得能感覺更多幸福瞬間的人生比較棒嗎？

Q3 別人對妳說什麼話時會令妳感到開心？
試著寫出 3 項看看。

> EX. 「謝謝」、「最喜歡妳了」、「妳好漂亮」、「妳進步了呢」、「妳很努力呢」……
> 等等

| |
| |
| |
| |

Q4 什麼樣的瞬間，會讓妳感動得不禁盈淚欲滴？
試著寫出 3 項看看。

> EX. 朋友的婚禮、狗狗的電影、有人感謝自己時、看海時……等等

| |
| |
| |
| |

Q5 什麼樣的瞬間，會讓妳感到幸福（喜悅）？
試著寫出 3 項看看。

> EX. 接觸大自然時、和家人一起度過的時光、做喜歡的工作時、被人認同時……等等

| |
| |
| |
| |

#negative

弄清什麼東西對自己來說是負面的

下面 3 個問題，全都有關妳開始產生負面情緒的時刻。

雖然說是負面情緒，卻也不見得全是壞事。

負面情緒並沒有普遍的定義，只有「對自己來說是好是壞」、「對人來說是好是壞」而已。判定的標準存在百百種。

而且，我們自己的標準也會受到我們所處的環境以及狀況、年齡等因素影響，所以這部分的問題以「妳現在的價值觀」來回答就好了。

弄清什麼東西對自己來說是負面的，就會產生「我不要變成這樣」的情感，成為一股動力。

就算不太清楚自己「想做什麼、想變成怎樣」，只要弄清楚自己「不想變成怎樣、絕對不要碰上什麼事情」，就可以掌握探索價值觀的線索（→詳細見 P.49「利用負能量作為動力，成為理想的自己」）。

還有，弄清楚什麼樣的事情會讓自己產生負面情緒，就可以在情緒產生前遠離那些事物。

比方說，如果知道自己抗壓性比較差，在感覺到外在壓力時，就可以告訴對方：「我比較不擅長應付壓力，還請別太苛責」，或是事先拜託好可靠的幫手。

我認為，不同狀況下也會有不同的應對方式。

如果是妳的話，會怎麼應對？請一個個仔細想想。

Q6 什麼樣的瞬間，會讓妳產生火氣？
試著寫出 3 項看看。

> EX. 被人插隊的時候、別人找藉口的時候、工作上做不出成績的時候（對自己）、點完菜過很久都還沒上來的時候 ⋯⋯ 等等

Q7 什麼樣的瞬間，會讓妳忍不住感到焦躁、不安？
試著寫出 3 項看看。

> EX. 看到同行的人發光發熱的樣子、被賦予重任時。工作進度比預期還慢的時候、請了長假的時候 ⋯⋯ 等等

Q8 什麼樣的瞬間，會讓妳不禁感到悲傷？
試著寫出 3 項看看。

> EX. 想說的事情無法好好讓對方明白時、別人中傷自己時、前一天吃太多，隔天早上對自己感到厭惡、喜歡的人眼裡沒有我 ⋯⋯ 等等

#motivation

動力的開關

知道自己的動力開關何在，當妳感到失落、需要提振精神時，就會知道該幫自己做點什麼了。

這和生病時，醫院開給妳的處方箋是類似的東西。

「這個症狀的這個嚴重度，就用這帖！」就是像這樣讓自己開心起來的處方箋。

舉例來說，「生理期來之前的鬱悶時期，就去按摩！」或是「想要提升工作表現時，就去見見某某人！」

降低動力的開關則相反。用剛才生病的例子來比喻的話，就是要明白當自己出現一些徵兆時，得告訴自己：「這麼做會把身體搞壞的，要小心！」

就像冷天穿著薄薄的衣服會感冒，大熱天時不補充水分會脫水對吧？我們就是要去了解這些狀況的背後原理。

舉例來說，「時間不夠充裕時會手忙腳亂，連帶也失去足夠的心力，導致工作上錯誤百出」，還有「對伴侶的態度變得隨便的話，就會導致情感危機」之類的。

這裡要填的空格雖然分成 5 個等級，不過知道越多開關，就越容易對付自己身上的狀況，所以我們就盡量多舉一些例子出來吧！

順便跟大家分享，我大約知道 100 個左右自己的動力開關。

我認為我是情緒起伏比較大的人，不過即使心情低落，也能馬上恢復，不會一直耽溺在沮喪之中。

→ **Q9　什麼樣的時刻，會提升妳的動力？**

＊將提升了一點動力的狀態設定成【LEVEL 1】，動力提升到最大的狀況設定成【LEVEL 5】，總共分成 5 個階段。

EX.　【LEVEL 1】在星巴克的戶外座位區喝咖啡。在客廳裝飾插花。
　　　【LEVEL 2】穿 Christian Louboutin的高跟鞋。去外面接睫毛、美甲。
　　　【LEVEL 3】讀喜歡的書、看喜歡的電影。在飯店的交誼廳放鬆身心。
　　　【LEVEL 4】去見尊敬的人。開始學習事物。
　　　【LEVEL 5】出國。搬家。

LEVEL
1

LEVEL
2

LEVEL
3

LEVEL
4

LEVEL
5

→ Q10 什麼樣的時刻，會降低妳的動力？

＊將降低了一點動力的狀態設定成【LEVEL 1】，動力降到最低的狀況設定成【LEVEL 5】，總共分成 5 個階段。答案跟 Q6-Q8 重複也 OK！

EX.

【LEVEL 1】髮型怎樣都弄不好，只好隨便弄弄的時候 ————————

【LEVEL 2】早上睡過頭，手忙腳亂的時候 ————————

【LEVEL 3】行程塞太滿的時候 ————————

【LEVEL 4】工作上做不出理想結果的時候 ————————

【LEVEL 5】人際關係上出現糾紛 ————————

LEVEL
1

LEVEL
2

LEVEL
3

LEVEL
4

LEVEL
5

→ Q11 　為了避免落到 Q10 的下場，平常能做些什麼？

EX.

→ 【LEVEL 1】若因天氣和時間的關係導致髮型弄不好時，就戴上帽子。可以買幾頂喜歡的帽子，還有一些時尚的髮圈。

→ 【LEVEL 2】先決定好睡覺時間和晚上要做什麼。如果可能晚回家，就先買好果菜汁之類的東西，縮短隔天早上吃早餐的時間。

→ 【LEVEL 3】掌握排了多少行程會讓自己忙不過來。每天檢查記事本，控制排定的行程量。並事先在記事本上寫好獨處的時間。

→ 【LEVEL 4】事先把要做的事情拆成細項，建立之後有辦法一個個處理的工作模式。偶爾也可以請教前輩和專家，或借助工作夥伴的幫忙。

→ 【LEVEL 5】寫出具體的糾紛內容以及對策。感覺快要引發糾紛時，就拉開彼此的距離。如果不知道該怎麼辦就先觀望，也可以徵求第三者的意見。

LEVEL
1

LEVEL
2

LEVEL
3

LEVEL
4

LEVEL
5

Column

打通雀躍心情的泉源

Q. 就算沒辦法賺到錢，妳還是會繼續做現在這份工作嗎？

我認為面對這個問題，有辦法回答 100% YES 的人，肯定是從事著自己真正喜歡的工作，非常地幸福。

將大把時間和能量，用在自己喜歡的事情、認為重要的事物上……這樣的人生是多麼充實啊！

這個問題並不局限於工作。

一般來說，一旦自己所想的事情、說出來的話、做出的行動全都一致，人就會感覺無比充實，也會產生自信。

舉個例子，妳心心念念著跟喜歡的工作夥伴一起做喜歡的工作，並且時常把這些事說出口，而實際上也達到了那樣的狀態。

這就是一個實現夢想的小小例子，妳將腦中勾勒的想法，轉換成了實際的行動。

只要持續實現這些小夢想，就會對自己產生信賴、增加自信。

累積對自己的信賴，就有辦法做到「對自己毫無欺瞞的生活方式」。而這也是我一直貫徹的原則。

為什麼我對於自己的事情有辦法說得這麼斬釘截鐵，就是因為剛才請各位回答的那些問題，我從 20 歲那年的單人旅行便開始定期且大量地自問自答，16 年來從未停過。

因為我清楚自己的價值觀和情緒的開關，不會被外在狀況左右，可以自行選擇想要的情緒。

以我的工作為例，我試著寫下怎麼樣叫作「依照自己的價值觀工作」。

我主理的學院中，充滿了「我的價值觀」，也就是「雀躍心情的泉源」。雖然還有其他很多令我感到心情雀躍的瞬間，但我們把範圍縮小到「學院」並深入探討後就會發現……

　　我在提供資訊與知識，有幫上他人的忙時會感到雀躍

　　我在使他人喜悅時會感到雀躍

　　我為了這些事情，去學習、去經歷各種事物時會感到雀躍

　　透過學習和經歷，感受到自我成長時會感到雀躍

　　看到他人開始改變的瞬間會感到雀躍

　　見到他人有了自信，開始散發出光芒的瞬間會感到雀躍

　　做這些事情時，總能打通我雀躍心情的泉源，讓我專心投入工作。這種狀態就是前面提過的「進入 Zone 的狀態」，不管再怎麼做都不會累，會一直感覺到快樂且幸福。

　　如果要把這邊舉出的例子簡化成一句話，我會說，告訴其他人對他們有幫助的資訊。

　　我就喜歡這個樣子！我每一天都能深深體會到，我在做這些事情的時候，和雀躍心情的泉源是相通的！

　　對我來說，在講座和學院時，我的身分並不是「講師」和「老師」。我只不過是個「傳達者」、「傳訊人」。

　　我藉由傳達資訊，使人散發光彩、心生雀躍、有所覺察而產生正向改變、變得有自信……我非常喜歡看到這類化學反應，而且會令我感到幸福洋溢。從我經營沙龍的時候起，這項根基就沒有變過。就算沒有賺錢，我想我也會持續做一輩子。

　　像這樣深入探索雀躍心情，就能了解自己無可動搖的價值觀，那會成為生命的原動力。

Column

了解自己的壓力來源

再談一點，我舉我工作的例子。

過去有段時間我經常接到合作洽談，即使一開始覺得很棒，多做了幾次之後，心中卻浮現「感覺只有自己一個人在忙……」之類的負面情感。

可是又覺得「既然已經答應，就要堅持做到最後」，結果負面情感升級成壓力，而且就連很久之後的行程表也被這些事情給塞滿了。

我試著舉出幾項身處於那種狀態時，令我感受到壓力的事情，結果發現了下面這些事情。

· 把不是打從心底想做的事情當工作做所造成的壓力
· 帶著浮躁的心情繼續做事所造成的壓力
· 別人對我的期待過高所造成的壓力
· 恐懼對方是否太依賴我所造成的壓力
· 已經排好之後預定所造成的壓力
· 遲遲無法跟對方開口討論所造成的壓力
· 擔心是不是被對方討厭所造成的壓力
· 耗費時間與精力所造成的壓力
· 「我幹嘛答應這種事情」的自我厭惡所造成的壓力

從這件事情的經驗，我學會了在接到工作邀請時，會先想想「自己有沒有辦法去應付這些壓力？」

而我也學會將那次的失敗，活用到下一次的工作上了。

· 把不是打從心底想做的事情當工作做所造成的壓力
→那就只接打從心底想做的工作！

· 帶著浮躁的心情繼續做事所造成的壓力
→鼓起勇氣，在心生浮躁時立刻暫停工作！

· 別人對我的期待過高所造成的壓力
→注意不要做出讓人產生過度期待的言行舉止！

· 恐懼對方是否太依賴我所造成的壓力
→一開始就先清楚告訴對方不喜歡單方面被人依賴！

· 已經排好之後預定所造成的壓力
→別再把太久以後的行程塞滿了！

· 遲遲無法跟對方開口討論所造成的壓力
→養成平時就把一些小事、想到的事情告訴對方的習慣！

· 擔心是不是被對方討厭所造成的壓力
→看清楚自己真正需要的人，要有被討厭的勇氣！

· 耗費時間與精力所造成的壓力
→把時間和精力花在真正重要的事情上！

· 「我幹嘛答應這種事情」的自我厭惡所造成的壓力
→只要覺得有一點不能接受，就不要說 YES，勇敢說 NO ！

　　上面這些跟自己約好的事情，我幾乎都已經做到了。
　　我一路走來，讓心裡所想的事情、嘴巴說出來的話、作出的行動達到一致。
所以我現在覺得自己比以前過得更充實，也對自己的生活方式更有自信（自我
信賴）了。

Step 1 結束

好了，目前為止我們已經回答不少問題了呢！

不知道大家是不是都習慣回答問題了？

就算一開始覺得「很難」、「搞不懂」的問題，只要一步一腳印，慢慢回答一題又一題，一定可以回答出所有問題。

不過，千萬不能著急。

急著寫出來的答案不過是表面上的答案，所以多花點時間也沒關係，我們要循序漸進、慢慢地對自己溫柔提問，試著和自己好好溝通。

和自己好好相處的步驟，跟和他人好好相處的步驟是一樣的。

我們會在一開始先調查對方有興趣的事情和喜歡的事物，並試著以那些事情為話題。也會試著去做一些令對方開心的事情，或是每天帶著笑容打招呼，讓對方逐漸敞開心房，關係變好。沒錯吧？

和自己好好相處，就能最大限度激發出自己擁有的東西，並加以發揮。

再來，如果珍重自己的價值觀，妳的情緒就不會受周遭的環境和狀況、事情擺布。這個價值觀會成為自己的人生軸心，即便感到迷惘、有所動搖，只要靜下心來與自己對話，就能再一次回到自己的軸心上。

重點整理

 知道什麼事情會讓自己心情雀躍、渾然忘我，
就是知曉自我價值觀的開始

 知道自己的情緒開關，
就有辦法好好管理自我

Step 2

#ideal

36 個打造理想自我的提問

實際上，怎麼過活的
並不是那麼重要的問題。
重要的，就只有
夢想著怎麼樣的人生。
因為夢想在一個人死後，
仍會繼續活著。

可可・香奈兒（Coco Chanel）

36 Questions to Be Who I Want to Be

清楚描繪出理想
就能實現

妳有沒有試著想像過理想的生活型態、理想的人生呢？

妳理想中的自己，會是什麼樣子？

這一章，我們要來具體且深入地探討妳或許還有些模糊的「理想模樣」。

只要深入去探討，過去沒怎麼認真想過的事情，就會轉變成清晰的模樣，變得更容易實現。

我想應該很多人聽過「思想會展現在行動上」。在這項過程中，重要的是去創造一個能清晰浮現出畫面的狀態，讓妳可以思考到更細微的部分，並好好品味那份感覺。

比方說，在做菜的時候，比起看成品的照片，如果有材料、製作步驟、使用道具的照片，是不是會更容易想像出那道菜是怎麼做出來的呢？

一樣的道理，一旦知道構成理想的小要素，甚至可以具體描繪出「做完某件事後，下一步就做這件事……」。

能清楚想像出來的畫面，就不再是「夢」，不會讓妳只覺得「如果能實現就好了」、「真幸運」，而是「未來的計畫」，只要循著必要的步驟就一定會實現。

POINT

☑ 暫時忘掉現況，拋棄固見。
歸零之後讓妳的想像膨脹到天馬行空的程度

☑ 帶著玩遊戲的興奮心情書寫

☑ 如果想像膨脹不起來，
就去看看喜歡的電影和雜誌、Instagram

☑ 感受到什麼都寫下來，不要壓抑

☑ 書上舉的範例真的很少，
妳能想多細就想多細，並且全寫下來

☑ 行動計畫（Action Plan）寫得越詳盡越好

☑ 行動計畫必須帶著「非做不可」的決心去寫

#wanttobe

理想的自己

　　想要寫出哪些關鍵字代表「理想的自己」，可以想像成自己在玩聯想遊戲，而題目是「理想的自己」。這麼一來就簡單多了。

　　以前，日本某個猜謎節目上有個很受歡迎的遊戲叫做「神奇香蕉（Magic Banana）」，不知道大家知不知道？「說到『香蕉』，就想到『黃色』。」講完這句話後，旁邊的人就要跟著節奏接下去說：「說到『黃色』，就想到『紅綠燈』」之類的，就是這樣的遊戲。這個遊戲的重點，就在於帶著良好的韻律感，簡短回答。

　　妳要想像自己也是參與這場遊戲的一員，跟著節奏，在心中唱：「說到『理想的我』，就想到『○○』」。可以的話試著實際發出聲音，並用手打拍子。

　　我用我自己來舉一個簡單的例子。

　　「說到『理想的我』，就想到『優雅』」，「說到『優雅』，就想到『氣質』」，「說到『氣質』，就想到『知性』」。

　　一直持續到聯想不出其他東西時，就再從「說到『理想的我』，就想到『○○』」開始。如果冒出許多理想的關鍵字，我想妳會更清楚心目中理想的自己會是什麼樣子。

　　再來，將語詞寫下來後，也要去思考這麼寫的理由。這樣就能找出隱藏在那些詞語背後，屬於妳自己的價值觀。

　　即使是同樣的詞彙，背後的價值觀理當會因人而異。

　　好比說，同樣一個「自由」，有人的理由可能是「想在喜歡的時間起床，在喜歡的地方工作」，也有人是「想挑戰各式各樣的事物，不會被一件事情綁住」。這兩種人所想像出的模樣就不會一樣。前者或許會成為自由工作者，後者可能平時作個上班族，但會去挑戰鐵人三項也說不定。

　　妳也可以和朋友分享自己的答案，藉此更加了解自己獨一無二的價值觀。這樣也挺有趣的喔！

Q12 什麼樣的關鍵字，代表了理想的妳呢？
試著寫出 10 項看看。

EX. 氣質、優雅、正面、女神、淡粉紅、歐洲、知性、全球化、玫瑰花、奢華、商務……
等等

Q13 從 Q12 選出前 3 名，並說明為什麼會寫下這些關鍵字。

EX. ・正面
→因為我希望我總是積極面對一切，對他人、對自己都不會忘記笑容。
・歐洲
→因為我希望自己能品味與自尊兼具，擁有不為男人裝模作樣的美麗。

| 理想的自己 |
| 理 由 |

| 理想的自己 |
| 理 由 |

| 理想的自己 |
| 理 由 |

#looks

理想的外貌

試著想像看看，自己想要變成的理想外貌會是什麼樣子。

盡可能想得清楚一點，並轉換成語言。

化作文字，就能向外輸出腦中的想像。這麼一來，我們就能客觀檢視自己的想法，比起只關在腦中思考會更容易明白「啊，原來我喜歡這種東西啊！」

順便跟大家分享，我每天都會具體寫下「我想像某某人的○○一樣……」。

這個意思不是說我想變成其他人，而是想「吸收某某人的某個要素！」

打個比方，我非常喜歡卡麥蓉・狄亞（Cameron Diaz）的笑容。

但就算去整形，也不可能把臉變成她的樣子，而我也不希望這樣。

不過，我們還是可以參考她的表情和笑起來的方式。如果能在自己的面容上展現出卡麥蓉的笑法，那就是在自己擁有的基底中，加入了卡麥蓉的精髓，成了原創的新事物。

像上面這樣，以自己為基底，再從各種角度來添加憧憬的人和喜歡的事物的精髓，我們就會變得更有魅力。

再更進階一點，如果把言語表達的事物視覺化，那就天下無敵了！

視覺化的意思是，比方說可以剪貼符合某話語的照片、或是把理想模樣的擷圖存在手機裡面等等。

比起光有言語，如果還多了看得見的圖像，我們就能更清楚描繪出理想的模樣了。

Q14 妳心目中的理想外貌是什麼樣子？

＊邊想像邊寫下來。
＊如果已經有實現妳心目中理想的人（模範），可以把那個人的名字寫下來

EX. 【髮型＆妝容】我想要有像奧黛麗・赫本那樣洋娃娃般的頭髮和妝容。希望眼線和睫毛夠顯眼，不過底妝不要太厚，能給人一種素顏的感覺。想要有一頭像外國人一樣的灰色系長捲髮 ……等等

【 體 型 】想擁有米蘭達・可兒（Miranda Kerr）般的窈窕曲線，並具有稍微曬過太陽的健康膚色，整個身體有種緊緻的感覺。必須鍛鍊出馬甲線。希望擁有一雙適合穿高跟鞋的修長美腿，而且具有適度的肌肉 ……等等

【 穿 著 】希望能像「慾望城市」中的角色一樣，穿上各種風格的衣服，並能配合時間、地點、狀況做變化。希望能穿上凸顯身體線條，不過令人感覺優雅的衣服。想要穿上雜誌上形容「xx」的那種衣服 ……等等

髮型＆妝容	

體型	

穿著	

製作妳的剪貼 BOOK

前面請大家寫下了自己的許多理想，不過不要光是寫成文字，如果還能利用照片，讓自己在視覺上也更靠近理想一點，我們就更容易把那些模樣烙印進潛意識了。

剪下雜誌上的照片，拼貼成漂漂亮亮的樣子，掛在廁所的牆壁、放進客廳的相片架，或貼在記事本上，也可以把喜歡的圖片設成電腦和手機的桌布。

以前我會把雜誌上剪下來的圖片拼貼起來，做成夢想板。現在則會上網抓喜歡的圖片、和幫助我提昇自我形象的圖片，也會把擷圖放進我的精選相簿，不時打開來看看。

蒐集喜歡的照片，就能從中了解到自己的喜好和品味。

如此一來，「理想的自己」是什麼模樣也會越來越具體，我們就更容易付諸行動。

我自己的話，大多會蒐集房屋、裝潢、想去的地方的照片。而我發現自己不僅喜歡都會區，也喜歡渡假勝地，於是也開始重視自己轉換心情的開關，在青山（都會）和葉山（海邊）都設置了活動據點。

我會去想像自己如果要適合某個地方時，應該會是什麼樣子，然後再去挑選衣服，改變生活的方式。

對妝容和穿著有興趣的人，可以把那方面的照片剪貼下來，或是蒐集那些領域的圖片。

#lifestyle

理想的生活型態

　　接下來，我們要依序問問妳的「理想」→「討厭的事」→「現實」→「造成理想和現實之間有落差的原因」→「行動計畫」。

　　獨自思考的話，總免不了只會去思考理想或行動計畫……等單方面的事情，容易變得偏頗。

　　不過我們不只要知道自己的理想，也要知道什麼樣的事情對自己來說是「絕對不想要」的。之後再探討是什麼造成了理想與現實之間的差異，並寫下行動計畫，讓自己一口氣縮短跟理想之間的距離。

　　像這樣依序寫出腦中的東西，就能釐清我們的問題，於是有辦法看出什麼需要、什麼不需要。意識有所轉變，也會影響我們做出行動。

　　我們之所以無法行動的原因，包含「明明知道該怎麼做卻沒辦法做」，以及「根本就沒有去意識問題所在」。

　　這邊進行的問答，對「沒有去意識問題所在」的人想必會大有幫助。

　　行動計畫寫得越細，就越能看出我們現下能做的事情，更容易付諸行動，所以盡可能寫得詳細一點喔。我在回答每一個問題時，都會用上筆記本的 1 整頁。

　　這個流程，在面對任何問題時都適用，請各位務必牢記。如果覺得有什麼讓自己煩躁的事情和迷惘的事情，就試著回答看看這邊的問題，並把所有的想法寫下來。

　　這麼一來，就能整理妳的思緒，找出妳要應付的問題了。

Q15 理想 妳理想中的生活型態是什麼樣子？
試著寫出 3 項看看。

> EX. 早起型生活、每天都要做瑜珈和慢跑、養狗、生活在充滿外國風情的時尚裝潢下、健康的飲食、活到老學到老……等等

Q16 討厭的事情 妳「絕對不想要」的生活型態是什麼樣子？
試著寫出 3 項看看。

> EX. 熬夜、無所事事地流連網路、行程塞太滿、一週有一半以上的日子都在喝酒、睡前懶得伸展……等等

Q17 現實 妳現實中的生活型態是什麼樣子？
試著寫出 3 項看看。

> EX. 一個禮拜大概有一半天數會早起，其實過半夜才睡的情況比較多、早上總是快來不及了才起床，搞得手忙腳亂……等等

Q18 落差 造成理想與現實之間有落差的原因是什麼？
試著寫出 3 項看看。

EX. （晚上之所以晚睡）是因為總忍不住在床上滑手機看別人的動態、因為老是加班加了
1個小時左右，這一點或許需要改善 ⋯⋯等等

Q19 行動計畫 為了接近理想，妳現在馬上能做到哪些小小的行
動？ 試著寫出 3 項看看。

EX. （為了能夠早睡早起）要提升睡眠品質、睡前 1個小時不要滑手機、只在搭車時看
別人的動態、為了在晚上 11點前就寢，9點就要回家、晚飯原本 7點吃，提早到 6點
半吃，酒也只能喝 1杯、可以多增加幾種喜歡的香草茶來代替酒 ⋯⋯等等

利用負能量作為動力
成為理想的自己

知道自己有哪些需要改善的地方，負能量就會成為妳的動力。

負能量的動力，和「我想變得○○」這種渴望相反，是「我絕對不想變成○○」的排斥。

是去思考「我該怎麼做才不會變成那樣」，進而影響行動的方式。

即使不知道自己想變成什麼樣子的人，**只要知道「我絕對不想變成○○」，在透過刪去法來選擇行動的過程中，也會越來越清楚自己想做什麼。**

負能量的動力，有時會比正能量的動力還要來得強力。

因為「想變得○○」容易隨著身處環境及狀況而有所改變，而「絕對不想變成○○」的這份心情卻不容易改變，非常明確。

舉我自己的例子，我在創業前於服飾業工作過一段時間，當時工作本身給我的感覺是非常愉快的，不過每天早上通勤時要搭乘擠滿人的電車就令我討厭的不得了。

這讓我打從心底發誓「我一定要過上不搭電車也沒關係的生活！」創業 2 年後，終於如願以償買了一台自己的車。之後我的交通手段不是開車，就是搭計程車。之後又過了 2 年，我搬到了離經營的沙龍只需要走路就可以抵達的範圍。

這就是負能量動力具有強大力量的範例之一。試著去了解自己「絕對不想要怎麼樣」，讓理想的未來更靠近。

#time

理想的時間利用方法

「生命」，是時間的聚合體。

妳想怎麼利用時間、利用這構成生命的根本呢？

如果想要扭轉自己以及自己的人生，那麼首先妳要改變的是「時間的利用方法」。

妳想要變成什麼樣的人呢？

我們來想想，已經達成理想模樣的人會將時間花在什麼事情上吧。

或是身邊如果有符合妳理想的人，也可以問問他們會將時間花在什麼事情上。

改變時間的利用方法，妳平常注重的部分和意識就會產生劇烈變化，也會顯現在行動上。

好比說，要在早上工作？還是在晚上工作？或是下班後要去喝一杯？還是上健身房……等等。

知道自己的理想很重要，而具體掌握妳現在會把時間花在哪些事情上也十分重要。

我們可以試著從中發現要面對的課題，和自己進行腦力激盪，思索該採取什麼行動。

【 Q25 】「要摒棄的事情」、「要養成習慣的事情」是對自己的承諾，所以寫下來的事情一定要付諸行動。

【 Q26 】「理想的一日行程表」，目的在於讓我們對理想的想像更具體，所以也可以剪貼上照片。

Q20 理想 妳其實想把時間跟精力花在什麼事情上？
試著寫出 3 項看看。

EX. 學習喜歡的東西、環遊世界、在喜歡的工作上持續挑戰、料理、自我保養、和家人度過時光……等等

Q21 討厭的事情 妳把時間跟精力花在哪些自己其實不喜歡的事情上？ 試著寫出 3 項看看。

EX. 枯燥乏味的工作和瑣事、沒意義的人際關係、無所事事地看電視和上網、受人委託而無法拒絕的工作、別人找自己商量事情……等等

Q22 現實 妳實際的情況上，把大多時間和精力花在哪些事情上？
試著寫出 3 項看看。

EX. 工作、人際關係、健身、社交軟體、電子郵件……等等

Q23 落差 造成理想與現實之間有落差的原因是什麼？
試著寫出 3 項看看。

> EX. 不會說 NO 的自己、工作個不停，沒有讓自己過一段時間就休息、一堆「應該要做」
> 及「不得不做」的事情、對自己的所作所為找藉口……等等

Q24 行動計畫 為了接近理想，妳現在馬上能做到哪些小小的行
動？ 試著寫出 3 項看看。

> EX. 設定一段時間，重新思考自己的核心價值觀、閱讀時間管理的書籍、列一張清單，寫
> 上時間利用方法很理想的人，並去研究他們的部落格和社交媒體的內容……等等

Q25 為了接近理想，妳從現在起「要摒棄的事情」、
「要養成習慣的事情」有哪些？
試著寫出 5 項看看。

EX. 【要 摒 棄 的 事】沒有核心價值觀的自己、不會說 NO 的自己、除了獲得資訊以外，
總是漫無目的地看電視和上網、做自己不能接受的工作 ……等等

【要養成習慣的事】一個禮拜設定 2 天，總計 1 小時的時間和自己對話、對人說出自
己的意見和主張、每天睡前要伸展（空出放鬆的時間）……等等

要摒棄的事

要養成習慣的事

→ Q26　妳「理想的一日行程表」會是什麼樣子？

＊寫得越詳細越好。

EX.【工作狀態版】	EX.【休息狀態版】
7:00　起床→打掃、家事、運動	7:00
8:00　部落格、郵件、其他 PC 處理事項（中間空檔吃點簡單的果昔當早餐）	8:00　起床→打掃
9:00　　　　　↓	9:00　準備早餐→早飯
10:00　打理儀容→遛狗	10:00　打理儀容
11:00　討論、製作企劃書、學習等	11:00　健身、瑜珈
12:00　　　　　↓	12:00　　　　　↓
13:00　午餐會議	13:00　開車帶著狗出門然後直接吃午餐、買東西、上咖啡廳等
14:00　　　　　↓	14:00　　　　　↓
15:00　討論、製作企劃書、學習等	15:00
16:00　　　　　↓	16:00
17:00　到超市買東西、遛狗	17:00　按摩、美甲等自我保養
18:00　準備晚飯、家事	18:00　　　　　↓
19:00　和家人 or 邀請他人來吃飯	19:00　去朋友家或到餐廳吃晚飯
20:00　　　　　↓	20:00　　　　　↓
21:00　整理、家事	21:00
22:00　盥洗	22:00　回家→盥洗
23:00　瑜珈等自我保養、讀書等	23:00　放鬆
24:00　就寢	24:00　就寢

工作狀態版	休息狀態版
7:00	7:00
8:00	8:00
9:00	9:00
10:00	10:00
11:00	11:00
12:00	12:00
13:00	13:00
14:00	14:00
15:00	15:00
16:00	16:00
17:00	17:00
18:00	18:00
19:00	19:00
20:00	20:00
21:00	21:00
22:00	22:00
23:00	23:00
24:00	24:00

利用帕金森法則記事本
做好人生時間管理

近年來，各種記事本大行其道，越來越多人開始想「利用記事本改變自己和習慣！」而我大力推薦的記事本種類，是以時間為橫軸，讓時間利用方式一目瞭然的帕金森法則（Parkinson's Law）記事本！

這種類型的記事本，我已經用了超過 7 年。2 年前開始，我就自行製作自己想要使用的記事本，並以「Beauty Life Diary」為名販賣，有幸獲得許多正面回饋。

習慣使用帕金森法則記事本後，我感覺自己更能妥善運用時間了。

好比說，我記事本上的一天，會從早上 6 點開始寫到半夜 12 點，中間都以 1 個小時作為一個區間，而且筆記本的左右兩頁合起來就剛好是 1 個星期。當妳把 1 星期的預定行程都確實填上後，**妳就會對自己在什麼事情上花費了多少時間，還有做那些事情的頻率以及做事傾向瞭若指掌。**

這麼說，可能會有人覺得「反正我都是公司住家兩點移動，也沒有什麼可以填上去的預定行程……」。如果是這種情況，那就不要只寫成「工作」，可以寫「這個時間到這個時間要製作企劃書、這個時間要開會、然後這段時間要整理業務清單……」，像這樣把內容細分開來寫上去，工作的內容和時間的利用方法全都會變得一目瞭然。

私領域的事情也可以寫上去。像是一禮拜花了多少時間在喝酒、一禮拜有多少時間活動身子、一禮拜有多少時間摸魚摸掉了等等，**掌握細部的現況，就能發現自己該面對的課題，還有該改變的習慣。**

step 2
#ideal
note

「**時間管理矩陣**」是一張廣為人知的圖表，而妳花多少時間在第 2 象限「不緊急但對人生來說十分重要」的事情上，人生的充實度也會隨之改變。

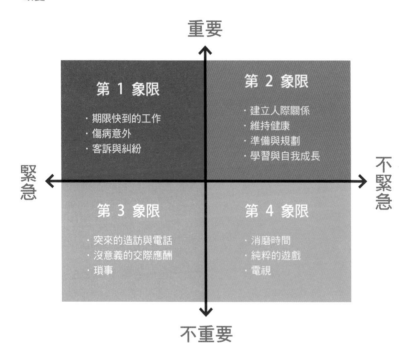

比方說，我們回顧帕金森法則記事本的其中一個禮拜，並準備 4 色矩陣，用顏色來分類自己使用時間的方式，看起來就很清楚了。

我想應該不少人的時間，都被不重要但緊急的事情給占掉了（我以前也是這樣）。先注意到自己有這個傾向，就是改變自我與習慣的第一步。

#work

理想的工作方式

我們花了人生中的許多時間和精力在工作上。

正因為這樣，我才會希望我花時間跟精力的方法能讓自己接受。

妳「理想的工作方式」是什麼樣子呢？

思考理由並寫下來，就會化為付諸行動的動力，令妳的理想不再只是一場夢。

每一道問題都不要只是簡答，要去想像這麼做的根本原因以及未來的模樣，比如：「為什麼要這樣」、「如果做了什麼，自己會變成什麼樣子」，這麼一來這些想法就會成為妳內心最直接的動機，促使妳去實行當下的行動。

直到實現理想的工作方式以前，妳每天（最好一天數次）都要看看自己寫下的理想，以及背後的原因。

寫下來的話，會成為妳選擇工作方式時的指南針。

舉一個例子，我以前寫過「我希望自己是只要有 1 台電腦，隨時隨地都能工作的人」、「我希望自己本身就能成為一項商品，透過提高自己的價值，增加收入」這些話。

我看了這些話好幾遍，不停將這些想法烙印在潛意識中，並實際行動，現在我終於實現了。

根據妳寫下的內容，還有可能使工作方式產生 180 度的轉變，甚至可能會換工作、獨立創業。

不過一旦清楚察覺自己心之所向，那麼理想實現前就不可以回頭，一定要鼓起勇氣，堅持向前邁進！

如果生活上一直選擇妥協，可能會葬送掉自己本身擁有的優點和才能。如果妳覺得「哪有工作不用妥協的」，那妳就真的會變成那樣的人。而下定決心「在工作上不妥協」的人，終有一天會把這個想法化為現實。

Q27 理想 妳理想的工作方式是什麼樣子？
試著寫出 3 項看看，並說明理由。

> EX. ・較不受時間束縛
> →可以自由決定工作時間、希望工作之外的時間可以隨意利用，比如拿來學習其他事物，或建立新的人際關係以及自我保養……等等。
>
> ・和值得尊敬的人們團隊合作
> →希望能一直抱著雀躍的心情工作。工作內容雖然重要，但跟誰共事也很重要、想要和擁有專業人士自覺，並值得尊敬的人們從事能共同成長的工作。
>
> ・把自己喜歡的事情當工作
> →希望每一天都能過得興致勃勃、從事喜歡的工作，就能夠一直維持在動力十足的狀態，可以帶著熱忱而活。

理想的工作方式
理　由

理想的工作方式
理　由

理想的工作方式
理　由

Q28 討厭的事情 妳「絕對不想要」的工作方式是什麼樣子？
試著寫出 3 項看看。

> EX. 經常加班、無聊、又難以產生動力、上司令人無法尊敬……等等

⟶ **Q29** 現實 **妳實際的工作方式是什麼樣子？試著寫出 3 項看看。**

> EX. 一星期加班 2 天，都要搭末班車回家，導致隔天早上昏沉沉的、在公司裡，自己的意見總是不被採用、雖然喜歡業務，但最近感覺自己的動力不足 ⋯⋯等等

⟶ **Q30** 落差 **造成理想與現實之間有落差的原因是什麼？試著寫出 3 項看看。**

> EX. 自己的工作效率差、睡眠品質不好、或許想法不夠完整、表述能力不足、還沒找到令自己雀躍不已的事情 ⋯⋯等等

⟶ **Q31** 行動計畫 **為了接近理想，妳現在馬上能做到哪些小小的行動？ 試著寫出 3 項看看。**

> EX. ・（為了不加班）提升工作品質、下定決心絕不加班、開始練習冥想，提高專注力、午餐吃便當，節省時間 ⋯⋯等等
> ・（為了提升動力）約尊敬的某某人一同吃頓飯、列出會激起自己興致的事物 ⋯⋯等等

利用行動計畫
進行自我心靈教練

回答了所有有關「理想工作方式」的問題，有沒有發現什麼事情呢？接下來要做的這件事情並非必須，但如果妳「想要變得有辦法好好自我管理」、認為「這次一定要認真改變自己」，那我建議妳試試這個方法。

最後的【 Q31 】行動計畫，不要寫完就沒事了，我們在行動的過程中也可以做記錄。為了方便我們確實追蹤變化，這裡我們要**記錄 1 個星期的行動**！

①準備 1 張筆記紙，或任何白紙。
　將【 Q31 】中寫的 3 項行動計畫謄寫到準備的紙上。

②在下面**以○×方式去記錄 7 天以來，行動有沒有落實。**
　若為○，就記錄做了什麼行動。若為 ×，就書寫沒做到的理由和其他的對策。每一天結束之際都要做這件事情，就算只花 5 分鐘也沒關係。
　請養成不管再怎麼麻煩，都一定會花 5 分鐘自我反省的習慣。
　※ 即使途中已經達成目標，還是要好好關注自己是否堅持做到了第 7 天。

③結束之後，回顧過去的 7 天，並重新檢視自己一開始寫下的理想，感受自己實際行動後發現了什麼事情、產生了什麼變化。

　感覺似乎很麻煩，但一開始如果有確實做到自我反省，我們就會下意識養成自我心靈教練的習慣，也會變得更有辦法好好管理自我。

#house

理想的住家

提到生活型態，我們經常會舉出習慣、時間的利用方式、工作方式等要素，不過還有一件事情至關重要，那就是「住家」。

住家對我們的影響是非常巨大的。

請各位稍微想像一下，每天生活在一間亂糟糟的房間，跟住在飯店般的空間相比，有沒有覺得自己的念頭和行動會變得不一樣呢？

還有，每天生活在昏暗又吵雜的環境，跟沐浴在大量陽光下、呼吸新鮮空氣的大自然環境相比……感覺怎麼樣？

這種物理環境，會對精神帶來莫大影響。

如果將住家改造成自己喜歡的舒適空間，就能提升妳的動力，令妳感到放鬆、興致滿滿。

跟工作一樣，我們待在家裡的時間（包含睡覺時間）非常長。所以就讓我們把長時間待著的地方，變成令自己欣喜不已的樣子吧。

沒有精神的時候、沒有動力的時候、疲勞的時候，如果回到對自己來說舒服愜意的環境，那麼這種住家就會成為妳的充電站。

自己有辦法接受的舒適居住環境，讓妳回家之後就像手機充電一樣，替自己大大充電，隔天就能元氣滿滿、幹勁十足地度過一天。

順帶一題，我花了最多錢的地方就是「住家」了。

要說我為何會如此執著在住家上，是因為我每次改變住家環境時，我的自我形象也會有所提升，而我亦變成跟那個環境更相稱的人了。選擇等級比自己高一點點的住家環境，收入自然也會隨之成長。

Q32 理想 妳理想的住家中，有哪些不可或缺的事物？
試著寫出 3 項看看。

> EX. 要有足夠的開闊感（挑高天花板、採光良好的大窗戶）、家中常帶綠意（擺設觀賞植物、裝飾花盆）、有條不紊……等等

Q33 討厭的事情 妳「絕對不想要」的住家是什麼樣子？
試著寫出 3 項看看。

> EX. 桌上總是東西亂丟、衣櫃塞滿穿不到的衣服、收納收到自己都不知道什麼東西放哪裡。枯萎的植物都放著不管……等等

Q34 現實 妳實際的住家是什麼樣子？
試著寫出 3 項看看。

> EX. 窗戶前擺了東西，視野被遮蔽。觀賞植物已經枯掉了。昨天穿的衣服亂丟在椅子上……等等

⟶ **Q35** 落差 造成理想與現實之間有落差的原因是什麼？
試著寫出 3 項看看。

> **EX.** 回家時間大多都已經 11 點，晚上累得什麼都做不了、可是隔天早上又起得晚，所以早上一樣什麼都做不了、周末也都往外跑，什麼都沒辦法做，結果家裡就一直沒整理……等等

⟶ **Q36** 行動計畫 為了接近理想，妳現在馬上能做到哪些小小的行動？ 試著寫出 3 項看看。

> **EX.** 平日晚上的預定，一個禮拜不要排超過 3 天、其他時間下班後都直接回家，增加待在家的時間、星期六或日挑一天，花半天的時間整理家裡、挑出不需要的東西，放到二手交易平台上……等等

住家的狀態
會和自己的狀態產生連結

　　腦袋亂糟糟的時候，房間應該也很自然會亂七八糟的。反過來說，如果房間很整潔，通常思路會很清晰，心情上也不會這麼緊繃。

　　善用這種影響，讓住家變成接近自己理想模樣的狀態吧。這麼一來，我們自己也會自然而然產生變化。

　　我經常變換房間的陳設和裝潢，而且都是大幅度變動。**我布置房間的主題，就是有時工作上希望加入的某些要素。**

　　當我正進行傳達健康生活型態的工作時，房間也會加入一些親近大自然的要素。陽光、綠葉、花朵、木質傢俱、將水果擺得漂漂亮亮的容器。

　　撰寫比較多個人品牌建立和自我實現的書籍時，我會將房間布置成喜愛的摩納哥風格，也播放摩納哥風的音樂。

　　當我立志成為工作能力強的名媛時，就會模仿飯店房間裝潢，擺一些黑色系奢華又摩登的傢俱，也會利用照明來營造氣氛。

　　親手打造屬於自己的空間，自我形象以及心靈都會一口氣變得不一樣。有時候甚至會改變妳的性格。

　　每個人的喜好和當時設定的主題，會決定不同的居住環境，不過唯一一個所有種類都共通的地方，就是都維持得有條不紊。

　　有條不紊的整潔空間，會產生一股好的能量。這也是改善風水、提升運氣最好的方法。

#relationship

理想的人際關係

會對自我帶來影響的事物之中,「人際關係」占了非常重的比例。妳大多時間跟什麼樣的人度過,會影響到妳的思考、意識、自我形象。

請稍微想像一下,妳要跟那些老是說人閒話、抱怨他人、藉口一大堆的人攪和,還是要跟會相互稱讚、討論想法、總是支持妳的人來往呢?

如果待在前面那種人際關係之中,不覺得自己的個性也會變差勁嗎?

反過來說,跟後面那類的人相處,是不是好像自己也能常保正面積極、活力無窮呢?

關於人際關係,只要知道自己擁有什麼樣的價值觀,就能夠以其作為核心,去重新審視自己的交際狀況。當我們重新去檢視自己的人際關係時,就能發現對自己來說哪些關係必要、哪些關係不必要了。

我並不太喜歡「人際關係的斷捨離®」這句話,我認為不是要「切斷」什麼,只要「悄悄遠離」就好。請各位不要勉強自己去斬斷關係。

就連當下覺得不需要的關係,其實也會隨著時間不斷變化。未來當彼此產生變化的時刻來臨,必要的關係肯定還會於這種必要的時候出現。

機緣總是來來去去,重要的是不要過度執著於現在的人際關係。

還有,也別忘了環境可以依照自己的意思去選擇、去改變。我覺得放棄改變、老是拿「反正～」、「可是～」、「就是因為～」當藉口的人真的太多了。

要鼓起勇氣,試著去改變現在的環境。如此一來,相信妳一定會在未來感受到,自己的變化與成長到底有多麼驚人。

Q37 理想 妳理想的人際關係會是什麼樣子？
試著寫出 3 項看看。

EX. 相互鼓勵、相互稱讚、共同成長、相互尊敬、不否定對方、不必顧慮太多，有辦法做
自己……等等

Q38 討厭的事情 妳「絕對不想要」的人際關係是什麼樣子？
試著寫出 3 項看看。

EX. 老是聚在一起說別人的壞話、馬上否定對方、互相推託、沒辦法做自己、老是逼人聽
他的……等等

Q39 現實 妳實際的人際關係是什麼樣子？
試著寫出 3 項看看。

EX. 私生活上和滿多能共同成長的朋友有往來，但公司裡的人大多會互相扯彼此的後腿、
自己不會抱怨，但聽別人抱怨的機會倒是不少、有時會帶著先入為主的想法看待對方
……等等

Q40 落差 造成理想與現實之間有落差的原因是什麼？
試著寫出 3 項看看。

> EX. 沒有選擇可以接受的工作（職場）、總是不禁優先考量對方，去配合對方、下意識
> 認定自己不擅長和對方相處……等等

Q41 行動計畫 為了接近理想，妳現在馬上能做到哪些小小的行
動？ 試著寫出 3 項看看。

> EX. 或許有必要換工作，所以先調查一下新的工作、為了更加重視自己，嘗試書寫自我
> 心靈教練的筆記、練習當自己感覺到先入為主的觀念時，馬上丟掉……等等

這個人對自己來說
究竟是需要？還是不需要？

培養看人的眼光，在人生路上、工作上都是非常重要的一項技能。那麼，該怎麼樣才能夠看清一個人呢？

方法有很多種，而我想每個人有所感應的部分也不一樣。我最重視的，是「自己的感覺」。

真要說就是類似「直覺」的東西。這並不是那種去感應人家氣場的怪力亂神，而是身體感覺到的「快與不快」。

比起用腦袋思考，我更注重和一個人相處時感覺合不合得來。

還有在**判斷一個人是什麼樣的人時，最關鍵的就是「表情」**。

尤其只要觀察眼睛，就能知道一個人是否真誠。

而笑容也能看出一個人的內心。

我想有些人較內向，不怎麼和妳四目相交，也不太露出笑容。不過我們要看的不是這些地方，請好好觀察對方不經意的視線，以及綻放笑容的時機。

不管嘴上說的話再怎麼完美，如果不是出自真心，明眼人只要一眼就能看穿。

自己看人時也好、別人看妳時也一樣，希望各位記住這件事情。

只要對方讓妳感覺到哪裡不太對勁，不管那個人的條件和說的話有多好，我們都 NO 來往。

如果對那份不對勁的感覺視而不見，之後很可能會演變成嚴重的事態，所以請各位多加注意。

#partner #family #friend

理想的伴侶、家人、朋友關係

我們現在再將理想的人際關係細分成幾種不同類別，深入探討一下。

若能越具體描繪出理想的伴侶（戀人、夫婦）和家人、朋友的關係「希望是什麼樣子」，妳將會以更快的速度接近理想。

我們常常會把還沒遇見的理想伴侶條件一個個寫在紙上，並想像自己已經和那個人成為了伴侶的樣子。這麼做的話，我們的言行舉止就會變得和理想對象相稱，更容易將妳的理想吸引到身邊。

好比說，妳化的妝和穿的衣服會比平常更漂亮、舉止更有女人味、更貼心……。

反過來說，是不是也會有下面這種情況呢？

像家人這種越是親近的關係，越容易覺得「事到如今也不會改變了」，心想就算了。不過有時候，這可能是妳先入為主的想法所創造出來的現實。

無論好壞，妳的想法都會化為現實。

這邊我們不妨試試先拋棄所有既定印象，寫出理想看看：「如果從零開始，我希望建立什麼樣的關係呢？」

現在的妳，或許是過去的經驗累積而成的，不過未來的妳並不是由「過去」來形成，而是靠「現在」的妳去創造。

那麼，我們就不要再限制自己去描繪理想，勇敢選擇能通往理想的「當下」行動吧。

Q42 理想 妳理想的伴侶關係會是什麼樣子？
試著寫出 3 項看看，並說明理由。

EX. ・貼心
→總是相敬如賓、會站在對方的立場上想事情、彼此都會做令對方感到開心的事情、
相處起來很自在、感覺是有辦法長久維持的好關係。
・常保新鮮感
→如果兩個人不一起努力避免一成不變，關係就會出問題、變得索然無味。
・接納彼此的價值觀差異與自由
→相互束縛的關係只會奪走彼此的機會，所以價值觀不同也沒關係，重要的是能接納
彼此。

理想的伴侶關係

理 由

理想的伴侶關係

理 由

理想的伴侶關係

理 由

Q43 討厭的事情 妳「絕對不想要」的伴侶關係是什麼樣子？
試著寫出 3 項看看。

EX. 出軌、說謊、沒辦法做自己、忘了要尊重對方、並替對方著想、束縛……等等

Q44 現實 妳實際的伴侶關係是什麼樣子？
試著寫出 3 項看看。

> ＊目前沒有伴侶的讀者，也可以試著寫寫「現在的自己談戀愛會是什麼樣子」。

> EX. 有時會忘了替對方著想，不小心變得隨便、一個月大約吵 1 次架、他會吃我的醋、相處模式有點一成不變……等等

Q45 落差 造成理想與現實之間有落差的原因是什麼？
試著寫出 3 項看看。

> EX. 跟一開始比起來，現在感受不太到他的魅力了、工作很有趣，心中的優先順序有所改變、還在介意他之前說過的一句話……等等

Q46 行動計畫 為了接近理想，妳現在馬上能做到哪些小小的行動？ 試著寫出 3 項看看。

> EX. 週末撥出一段兩人時間，深入聊聊彼此的近況與價值觀、計畫到國外旅行好化解一成不變的模式、試著稱讚對方……等等

Q47 理想 妳心目中理想的伴侶（夫婦）、家庭（親子）、
朋友（同伴）模樣是什麼樣子？
試著寫出一些理想的模範，並說明理由。

EX. 【理想的伴侶（夫婦）模樣】
大衛・貝克漢＆維多利亞・貝克漢
→兩人一同做著喜歡的事，並且珍惜與家人相處的時間。兩個人都穿得很時尚，而
且即使年齡增長依然恩愛不減，令人羨慕。

【理想的家庭（親子）模樣】
潔西卡・艾芭一家
→兩夫妻都經濟獨立。雖然忙於慈善事業，還是很珍惜與家人相處的時光。妻子負
責照顧家庭成員的身體健康，打造健康生活，養育孩子的方針是尊重孩子的自由意
志。夫妻互相敬重，這一點也很棒。

【理想的朋友（夥伴）模樣】
電影《玩命關頭》裡的夥伴
→平常雖然各自生活在異地，一旦有什麼事卻能馬上集合，做好自己份內的工作，
完成一項任務。互相尊敬、扶持，我非常憧憬這種超棒的友誼。

| 理想的伴侶（夫妻）模樣 | 模範 |
| | 理由 |

| 理想的家庭（親子）模樣 | 模範 |
| | 理由 |

| 理想的朋友（同伴）模樣 | 模範 |
| | 理由 |

讓妳具備
正面自我形象的方法

　　自我形象的意思，是妳對妳的模樣有什樣的想法。換句話說，就是我們對自己的一個想像。這跟現況一點關係也沒有，終究是一種想像。

　　比方說，妳現在在公司上班，只領微薄的薪水。但如果妳經常想像的自我形象是「我絕對會成為大人物！事業一定大展鴻圖！」那麼妳的言談行動就會符合妳所想像的模樣，更容易吸引到妳所想像的結果。
　　反過來說，即使天生麗質，如果自我形象太卑微，一直認為「我很醜」的話，就連性格也會變得越來越醜陋。
　　就算說自我形象能改變未來，也一點都不為過。

　　妳對自己有怎麼樣的想像呢？讓我們自省看看。通常沒自信的人，自我形象也比較差，有自信的人自我形象則較不錯。

　　那麼，該怎麼樣才能擁有良好的自我形象，更靠近理想中的自己呢？
　　那就是「堅信」到底。就是因為這件事情很難做到，才會忍不住說出「像我這種人～」、「反正～」、「可是～」、「所以才～」的藉口對吧？

　　如果說有什麼更簡單的事情是我們能做的話——

・舉止符合自己理想中的模樣
・穿戴的東西符合自己理想中的模樣
・住家（或是房間）符合自己理想中的模樣
・談吐符合自己理想中的模樣
・與人交流的方式符合自己理想中的模樣

‧前往的場所符合自己理想中的模樣
‧交的朋友和伴侶符合自己理想中的模樣

　　其他還有很多例子，只要一點一點做到這些事情，妳的自我形象就會大幅提升。

　　這些都是因為珍視自己才能做到的事情。珍惜自己的人，自我形象也會不斷提高。

　　悉心整頓一下自己和自己周遭的環境吧。

　　構成妳的要素，在物質上包含了食物、空氣和水等等，而在精神方面的要素，就是「環境」。

　　這裡說的「環境」，指的是妳平常身處什麼樣的地方、穿著什麼樣的服飾。

　　而其中一項非常重要的要素，就是前面提過的「人際關係」了。

　　妳身邊平常圍繞著什麼樣的人、常聽到什麼樣的話、經常看到什麼樣的人呈現什麼模樣，都是妳所處環境的一部份。這些要素也會決定妳的自我形象。

Column

聯想遊戲在製作企劃時也十分好用

我目前有過商品與活動企劃、品牌行銷、培訓人才等方面的經驗。

這種時候，我也會從列出想到的關鍵字開始著手。

比如說，每 1 張便條紙都寫下 1 個點子，然後分類好擺在一起。如果出現不必要的東西就撕下來放一邊，最後過濾出幾個特別重要的想法。

寫在筆記本上也可以，不過寫在便利貼上可以省下不少麻煩，不用一個個擦掉不要的想法，而且又能輕鬆挪動，比較方便。

思考放得更柔軟一點，像玩聯想遊戲一樣，以腦力激盪的方式練習和自己的內心激盪出各種想法吧。

這樣當我們在工作和生活上碰到危機時，依然能以多重角度看待事情，不管什麼時候都有很多選項可選，非常有用。

擁有看待事情的多重角度，就代表妳能客觀思考一件事情，做出更冷靜的判斷。

如此一來就能夠自我鼓勵，管理好情緒，不會過度消沉。

妳的心中，沉睡著一票智囊團。

能喚醒這些智囊的人，就是妳自己！

我的例子 整理自己的工作、想做的事情時

①在每張便條上寫下 1 個點子或想做的事情（藍色便條）。
②整理想法、分門別類（粉紅色便條）。
③有什麼想法都盡情寫下來（黃色便條）。

吸收的東西會影響做出
的事情。為了改善輸出
面，先從輸入面下手！

技能 UP、輸入面	傳達、輸出面	企劃、想法類
閱讀	於部落格與社交媒體發文	商品企劃、銷售
想要盡情學習喜歡的事物	建立網路沙龍	活動企劃
英文	撰寫專欄	空間營造
資訊調查	寫書（出版）	
到大學演講	學院（面對自己的學校）	

提高工作表現、充實心靈類	興趣、娛樂、表演能力 UP 類
訓練	DJ
和狗狗們一起過自然的生活	鋼琴
水晶球	
瑜珈、冥想	
料理	
整理（常態性）	

既是為了自己，
也為了工作！

Step 2 結束

　　這一章，我們從各式各樣的角度去深入探討理想。

　　實現夢想、成為理想的自己，始於描繪出理想的模樣。如果只是空想著「想要變好」、「不想要再這樣下去」，那一切都不會開始。首先要寫出理想和夢想，可以參考「製作妳的剪貼 BOOK（P.46）」，把它們放在妳經常能看見的地方。

　　接下來，不要只用眼睛看寫了什麼，用嘴巴念出聲來也很重要。這樣可以達到有如魔法般振奮自己的效果，而且大方說出口後，也會產生一股「說到就要做到！」的心情。

　　這樣做還有一個好處，就是妳想做的事情、追求的東西會傳進其他人耳中，有時別人可能會介紹意想不到的人給妳認識，或獲得一些為妳帶來機會的資訊。

　　不過一言既出，駟馬難追。先不論結果怎樣，如果妳說了卻沒有實際行動，那人家可能就會覺得妳只是個光說不練的人，要小心喔。

重點整理

☑ **經常想像理想模樣，
就會加快理想化為現實的速度**
想像出細節部分、寫下來、反覆回顧、說給其他人聽。

☑ **也要好好關注現況，
搞清楚自己該做的事情**
不能空有理想，也要冷靜分析理想與現實之間的落差，進而規劃出行動計劃，並且務必落實。

Step 3

#source

37 個面對深層自我的提問

最有趣、最複雜、
且最重要的關係，
就是與自己所建立的關係。

電視劇《慾望城市》（SEX and the CITY）
第 6 季 第 20 集

37 Questions to Know My Source

深入探索過去
了解選擇模式

　　這一章則要帶妳前往心靈更深處。我們要找出妳的潛源（source／源頭、價值觀等意思）。

　　現在的妳，是「過去的妳」所累積而成。

　　包含過去聽到的話、人家對妳做過的事、體驗過的各種事物。

　　妳平常下意識選擇的語詞、思考、人物身上，一定蘊含了妳的潛在價值觀、無法拋棄的固有觀念、以及心理創傷。

　　透過回答問題，或許就能注意到自己過去未曾察覺的選擇模式。

　　把自己心中的想法和價值觀全部寫在紙上，是一種整理過去的行為。而仔細地一一寫出來，就能評量自我，意外地令人心情舒暢呢。

　　想要改變未來，「現在」的選擇就不要以「過去」的自己會如何選擇作為標準，而是以「未來」的自己為準，去思考「如果是那樣的自己，現在會如何選擇」。

POINT

☑ 慢慢來，別著急。
　　多花一點時間也沒關係，盡量仔細回答

☑ 回顧過去的事情時，
　　請想像自己回到了當下

☑ 即使湧現負面情感也不要害怕，
　　拿出勇氣去面對

☑ 覺得不好回答、有壓力的問題，就先跳過

☑ 想像力很重要，
　　發揮想像力，並動筆寫下來

☑ 詢問自己「為什麼」的時候，
　　不要用審問的方式，而是帶著跟小孩
　　興奮問父母問題時一樣的心情

#personality

性格

　　以第三者的角度來審視自己時，你會怎麼看待自己呢？還有，如果要向他人介紹自己的話，妳會把自己介紹成什麼樣的人呢？

　　這裡，會顯示出妳的人格與個性。
　　一旦有辦法發揮自己的個性，就不必過度顧慮他人、也不用太逼迫自己，可以毫無壓力地與人交流。
　　只要有辦法處於放鬆的自在狀況，就會散發出更好的氣場，給人好印象。
　　對妳身上的氛圍感到舒適的人，想必也會靠近妳，和妳搭話吧。
　　而再進一步散發出去的話，自然就會吸引到越來越多跟自己類似的人，建立起舒適的人際關係了。
　　反過來說，如果總是顧慮東顧慮西，太勉強自己的話，可能就會散發出一股神經兮兮的氛圍，讓很多人不敢靠近妳喔。

　　【 Q48 】用一句話來描述自己的性格，目的在於更加了解自己。
　　我們在表達各式各樣的情感、感受、事物、狀態時，如果羅列許多言詞、說明得婉轉複雜的話，對方也很難聽明白。
　　反過來說，簡潔扼要的話語，容易在別人心中留下印象，自己也會有順利吸收的感覺，所以說明起來就很容易。
　　一樣，盡可能用簡潔的語句來描述自己是一件很重要的事。
　　這種技巧，在構思打動人心的標語時也會用到。
　　而且這還能訓練大腦，幫助妳更加明白自己想知道的事情，想表達的事情也更能清楚表達出來。

Q48 如果用一句話來描述自己的性格，妳會怎麼描述？
試著寫出 10 項看看。

EX. 樂觀、行動力十足、大而化之、急性子、擁有一個自己的小世界 ……等等

　　妳的性格，建立於妳平常的思考和環境上。而妳的性格，會在其後型
塑出妳的人生。

　　德雷莎修女也說過這樣的話：

　　注意你的思考，有一天那會成為你的言談。
　　注意你的言談，有一天那會化為你的行動。
　　注意你的行動，有一天那會養成你的習慣。
　　注意你的習慣，有一天那會塑造你的性格。
　　注意你的性格，有一天那會決定你的命運。

德雷莎修女

　　這邊妳列出自己的性格，如果有喜歡的地方，那就之後多加表現。至
於想要改善的部分，首先就從面對創造那些性格的「思考」和「環境」開
始吧。

Q49 從 Q48 選出前 3 名，為什麼會這麼想呢？
試著說明理由或背景故事。

EX.

· 樂觀
→因為我覺得，想破頭也沒完沒了的事情，就算想了也是浪費精力！至今有不少人說過「很羨慕我這麼樂觀」。

· 行動力十足
→如果想到什麼，不馬上實行的話就靜不下來。我想在興致最高昂的時候趕快行動！前幾天也是，深夜想到某個企劃，於是馬上寫下來，隔天早上交給上司。結果那份企劃受到採用，現在手上的工作就是那份企劃的內容！

· 擁有一個自己的小世界
→不想和其他人做一樣的事。想要重視自己的人格特質，從事能利用這份特質的工作，所以在部落格上寫這類型的文章。

性格

理由和背景故事

性格

理由和背景故事

性格

理由和背景故事

→ **Q50** 看了 Q49，發現了什麼事情？或有什麼發揮的方式？
試著寫出來看看。

EX.

→ ・我發現我的內心深處，會希望自己能一直快快樂樂、笑口常開，並且能保持平穩的
人際關係。所以為了保持樂觀，我要時時惦記著笑容。

→ ・雖然我是想到什麼就做什麼的人，但時間一久，興致降低，行動起來也開始覺得麻
煩了。可能我是很容易膩的人。對任何事情，最好趁還有新鮮感的時候趕緊開始會
比較好。

→ ・我也許意外地喜歡一個人獨處的時間。試試重視獨處時的高度創造力時間，提升表
達能力，提高自己對這個社會的價值。

發現的事情或發揮的方法

發現的事情或發揮的方法

發現的事情或發揮的方法

#strength
#weakness

擅長的事、不擅長的事

了解自己擅長的事、不擅長的事，可以大大幫助妳發揮自己的性格來生活。

因為這麼一來我們就可以去凸顯自己的強項，並補足弱項。

當妳想要推廣一項商品時，如果不知道那項商品的特點何在，妳就不知道該強調什麼特色、該彌補什麼地方，結果根本就沒辦法把產品的好告訴世人。

熟悉商品的優點，妳自然就有辦法轉換成語言，進而傳達給周遭的人。

而知道弱點，就可以防範可能發生的麻煩於未然，而且也不會讓對方抱有不切實際的期待，心情上會比較輕鬆。

這裡提到的「商品」，就是「妳自己」。

這麼講，可能有些人會覺得「我也不是特別想對這個社會發表什麼意見、或變成名人」。然而，我們只要活著，就會帶給這個社會一點影響。

好比說，妳說的話還有擺出的態度、表情，就是對今日相遇之人的一場自我展示。

雖然妳自己可能無心，但一個人就算只是和妳擦身而過，也會感受到什麼的。

若能經常做到對自己有益的事情、做到發揮自我的展示，那麼妳的機緣就會大大延展開來。

Q51 妳擅長哪些事情?
為什麼這麼認為?
試著寫出 3 項看看,並說明理由或背景故事。

EX. ・與人相處融洽
→我喜歡和人相處,也喜歡聽人說話。對他人的人生有興趣,問問題也很開心。和第一次見面的人也能很快熟絡起來。常常有人找我商量事情。

・集中於一件事情上
→一旦沉迷於什麼事情上,一整天做那件事情都不會膩。接到自己想做的工作時會快樂得無法自拔,一直到做完之前都沒辦法做其他事情。結果總是比其他人還快做完工作,下一件想做的工作也會落到我手上。

擅長的事

理由或背景故事

擅長的事

理由或背景故事

擅長的事

理由或背景故事

→ **Q52** 妳不擅長哪些事情？
為什麼這麼認為？
試著寫出 3 項看看，並說明理由或背景故事。

EX. ・在人前說話
→眼前超過 5 個人就會緊張，連自己在講什麼都不清楚。要跟客戶進行簡報前一天太緊張睡不著覺，結束後胃也很痛。

・堅持做一件事情
→好奇心旺盛，想做的事情一個又一個浮現在腦海，一件事情沒辦法做很久。去年開始學習的事情也沒一件持續到現在。

不擅長的事

理由或背景故事

不擅長的事

理由或背景故事

不擅長的事

理由或背景故事

Q53 看了 Q51 和 Q52，妳有發現什麼共通點
或感覺到什麼東西嗎？
試著各寫出 3 項看看。

EX. 【看了 Q51 後發現的事情、感覺到的東西】
我是基於好奇心在行動的。看來自己似乎對新奇和未知的事物感興趣，而且也有想到
什麼就馬上去做的行動力。

【看了 Q52 後發現的事情、感覺到的東西】
我的抗壓性似乎較弱。一旦緊張就沒辦法做自己，而且有容易產生負面想法的傾向。

看了 Q51 後發現的事情、感覺到的東西	

看了 Q52 後發現的事情、感覺到的東西	

#habit

口頭禪、思考的習慣

英文中有這麼一句諺語——

「You are what you think and eat.」

（你是什麼人，取決於你思考、吃進什麼）

食物在創造肉體方面具有很大的影響，而塑造精神方面的要素則是妳的思考。

那麼，思考要怎麼樣形塑出來呢？

妳平常和誰見面、去什麼地方、經常聽到看到什麼東西，這些妳自己的體驗、經驗，就會形塑出妳的思考。

了解自己常常在想什麼還有把什麼話掛在嘴邊，就能了解自己現在的狀態。

平常沒有特別意識到自己說了哪些話、想了什麼事，把這些東西換成文字寫下來後，就能客觀地審視自己，發現「啊，我平常是這種感覺啊！」

而且這麼一來，妳對自己的所作所為，會從不自覺狀態轉變成有自覺的狀態。

進行過這些問答之後，當妳未來又不自覺說出某些話時，妳就會注意到：「啊，我又在說那些話了！」

像這樣去意識到自己的話語以及思考是非常重要的。

這和正面負面一點關係都沒有，一開始只要知道自己的狀態如何就好。

了解之後，就反問自己：「我其實想要怎麼樣？我想變得怎麼樣？」再將答案付諸行動。

所有的行動，都是出自平時具有的意識。

而意識則形成自平常所思考的事情。

至於表現出平常思考什麼事情的，就是妳的口頭禪了。

Q54 妳經常說的話或口頭禪有哪些？
能想到多少就寫多少。

＊這裡先不管正面還是負面，總之就把常說的話寫下來。如果不知道，就問問看妳身邊的人。

EX. 「原來是這樣！」、「沒關係」、「我試試看」、「我做得到啊」、「應該～」、「必須～」、「沒辦法」、「好忙」、「好累」……等等

Q55 選出 Q54 中妳最常說的話，
並說明理由或背景故事。能想到多少就寫多少。

EX. ・「原來是這樣！」
→我比較容易坦率接受他人意見。我認為自己是有興趣聽對方說話的。前陣子，朋友來找我商量煩惱的事情時，我也很重視先聽取朋友的狀況和想法。

・「好忙」
→忙於處理工作和家庭方面該做的事情，完全沒有辦法做真正想做的事情。不過寫下來才發現，心裡也有一部份把「好忙」拿來當做不到、不去做的藉口。先從不要說出好忙開始試試看。

最常說的話

理由或背景故事

→ Q56 妳經常想的事情有哪些？
好好回想一下，試著寫出 3 項看看，
並說明理由和背景故事。

EX. ·老是做白日夢，想像「如果未來是這樣的話就好了」
→因為我很喜歡去計劃、思考令我開心雀躍的事情。可是這也許也代表了我並沒有專注於當下，或是說不滿足於現況？今天也是，工作時一想到明年的旅遊計畫，手上的工作就完全停下來了。如果真的去旅行了，反而又開始思考、撰寫工作的新企劃，沒有專心旅遊。

·如果跟別人說某件事情，他們會作何感想
→有部分的我會去在意對方的反應。因為在意對方的反應，所以心裡想的事情連一半都說不出口。前幾天原本也想告訴上司自己下一次要休假的事情，結果同事搶先一步提出，從那之後已經過了 1 個禮拜，我還是說不出口。

平常想的事情

理由或背景故事

平常想的事情

理由或背景故事

平常想的事情

理由或背景故事

Q57 妳「希望平常就多想」的事情有哪些？
試著寫出 3 項看看，
並說明理由。

* 如果平時就經常想那些事情了，那就想像一下自己會產生什麼樣的心情、變成什麼樣子，並寫下來。

EX. ・我想要常懷感恩之心
→這麼一來，我會感念更多事情，感覺就能變成一個充滿愛的人。而且感覺會替他人著想，變得更溫柔。

・先設想之後的事情
→希望自己總是在事前思考「如果做了某件事會怎麼樣」，預想可能發生的狀況，擬定應對的方案。因為我覺得，這麼一來工作就能夠順利進行，不會浪費多餘的時間。我也想拿出好表現，讓周遭的人對我刮目相看。

希望平常能多想的事情

理由

希望平常能多想的事情

理由

希望平常能多想的事情

理由

哀怨現狀前
先自省平常的思考

腦中所想的事情，會化為平時的行動。

有一句話說「因果報應」，事出必有因。

這裡的原因就是指「思考」，結果則是「行動」。

當我想要改變自己的行動，還有行動導致的結果時，我就會問自己【 **Q56** 】和【 **Q57** 】。

好比說，當我們感到不順遂時，不要盯著結果自怨自艾，必須反省自己的什麼思考導向了這種結果。

工作進展不如預期的順利時

「最近都沒什麼多餘的時間，疏於描繪對未來的展望了」、「沒注意到要關心工作上幫忙自己的人」等。

跟他人意見相左導致關係緊張時

「我好像老是只想到自己希望怎麼樣，如果去思考對方希望怎麼樣，那會變成什麼樣子？」等。

感覺自己最近胖了時

「常常會想那些想去的餐廳、想吃的東西，卻不怎麼會去想健身和塑造美麗胴體的事情呢」等

像這樣集中思考，無法順利解決的事情也會找到解決之道，還可以活用在下一次狀況發生時。這麼一來，妳的機會也會越來越多。

#excuses
#obsession

藉口、執著

　　人因為不願承認自己內心存在藉口和執著、嫉妒和不安這些負面的東西，所以很容易不把這些東西當一回事，甚至出現時也視而不見。

　　而這些視而不見的藉口和執著，會在不知不覺間累積起來，悄悄地形塑出自卑的自我。

　　負面的情感，有一天會爆發開來。

　　爆發之後會怎麼樣呢？妳會喪失自我、被不安籠罩、提不起幹勁，如果更嚴重一點，還會變得憂鬱，甚至患病。

　　即使妳一開始覺得（＝顯意識）：「我平常才不會找藉口，也不會執著於什麼事情！」這些東西還是存在於每個人的潛意識之中。

　　想要好好跟自己的情緒相處，首先要了解自己會找什麼藉口、有什麼執著。

　　接下來，就客觀且冷靜地去認識那些藉口和執著。

　　如此一來，搞不好妳會發現、會感覺到「自己被藉口阻撓，眼界不夠開闊」、「如果我的朋友是這種一直找藉口的人，那誰受得了」之類的。

　　重新體認到自己心中的藉口和執著，並去思索這些東西從何而來，自然就會慢慢明白該怎麼應對了。

　　知道應對方法後，妳心中的問題（藉口和執著）將不再是問題，而會變成幫助妳成長的因素。其背後原理，就是藉由拋棄藉口、放下執著，讓危機變成轉機。

Q58 妳平常會找哪些藉口？
試著寫出 3 項看看，並說明原因。

EX.

· 因為工作太忙，所以沒辦法學英文
→明明自己的工作效率差，卻不願面對，反而怪罪環境。

· 金錢和時間都不夠用，沒辦法出國
→沒有做自己能接受的工作，也在替工作做不好的自己找藉口。

· 想瘦下來，可是又有餐會
→餐會明明也可以拒絕，心裡有部分卻還是妥協，心想「算了」。肯定把問題推給餐會所以瘦不下來的自己。

藉口
原因

藉口
原因

藉口
原因

Q59 如果重要的朋友說出這種藉口，妳會給什麼樣的建議？
針對每一個藉口都建議看看。

EX.

→ ・會不會是因為沒有急迫的必要性，所以優先順序才排得比較後面？我覺得妳可以重新想一想，自己真的想學英文嗎？學好的話會怎麼樣？不學的話又會怎麼樣？把這些事情寫下來看看，而如果發現自己真的需要的話，那就排除萬難撥時間出來！

→ ・比起哀怨不能出國，不如來想想看要出國的話該怎麼做吧！先決定好目標，即使是小目標也沒關係，只要先排進行程就好了。

→ ・妳真的想瘦下來嗎？想的話就要拒絕餐會，再不然就規定自己一星期最多參加 1 次。還有，去了也不要喝酒、不要吃太多，那就沒問題了。

建議

建議

建議

Q60　妳有哪些執著的事情和放不下的事情？
試著寫出 3 項看看，並說明理由。

EX.

· 過去的戀情
→一旦想著未來恐怕不會再碰到更喜歡的人，就不敢挑戰下一段戀愛，甚至覺得有點麻煩也說不一定。

· 不想要被人討厭
→年紀小的時候曾經被人欺負，這個經驗成了心靈創傷。讓我不禁去看人臉色，容易壓抑自己去配合對方。

· 擔心如果沒有錢了要怎麼辦
→好擔心如果沒辦法做自己喜歡的事情要怎麼辦，因為我把自由自在地活下去視為最重要的事情。

執著的事情、放不下的事情

理由

執著的事情、放不下的事情

理由

執著的事情、放不下的事情

理由

→ **Q61** 行動計畫 **為了放下執著,現在做得到什麼樣的行動? 針對每一件事情都思考看看。**

EX.

→ ·下定決心嘗試聯絡對方。去做心理諮商或心理治療。把自己過去的心情全寫在筆記本上,並讓現在的自己針對每個想法提出建議。

→ ·為了提升自我肯定的能力,每天要寫出一項自己的優點。找到一個絕對會挺自己的摯友、伴侶。讀讀看阿德勒心理學講義《被討厭的勇氣》。

→ ·找到不花錢也能使心靈富足的事情。為了增加收入,學習新技能。找到能夠共同成長的伴侶。

現在做得到的行動

現在做得到的行動

現在做得到的行動

放下的 Step

　　想獲得真心渴望的事物，必須先替自己清出空間。為此，放下就是一件很重要的事。市面上有很多心靈啟發類的書籍也都這麼寫對不對？

　　不過，就是因為「放下」並不容易，才會舉棋不定的對吧？

　　那麼，該怎麼做才能夠放下呢？

Step1　了解到底該放下什麼

　　我們要設定一個標準，區分什麼要留下、什麼要放下。

　　這項標準就是自己的價值觀。如果很難掌握自己的價值觀，那就不要用腦袋想，用妳的心去感受，以一件事物「是否令妳怦然心動」為標準。

Step2　深深感受要放下的事物

　　如果忽略這個步驟，那就算妳放下了，未來還是可能會再次把那些事物擺回自己的身邊。

　　比如說，妳想放下的事情是「和別人比較害自己失落」，那就算妳試圖不去想，到頭來還是會忍不住在意。

　　這種時候，我們要先停下腳步，留給自己一段獨處的時間，好好去感受。

　　當我拿自己跟別人做比較時，我產生了什麼樣的感覺？那種感覺是從什麼時候開始、又會在哪樣的狀況下感覺到等等。

　　只要了解過根本的部分，那就能成為妳真正放下的契機。

Step3　一旦決定放下就做出行動，絕不回頭

做到 Step2 之後，我想那些事情就會自然而然地離妳而去了（放下是自主行為，不過這裡講的情況是那些事情自行離開的感覺，所以才說離妳而去）。而即使妳決定放下，甚至實際行動了，剛放下的那段期間它們還是可能會回來找妳。每次碰到這種情況時，就對自己發誓別再將那些東西放在自己身邊了，並且好好實踐。

重複幾次後，相信那些事情就不會再回來了（但如果 Step2 做的不夠徹底，還是會重蹈覆轍。如果碰到這種情況就回去專心進行 Step2 吧）。

Step4　讓放下成為習慣

最一開始決定要放下的事情成功放手之後，就繼續放下其他的事情。同樣的方式，第 2 件、第 3 件……做過幾遍後，放下就會成為一種習慣了。

請時時詢問自己：「現在有沒有要放下的事情？」如果生活繁忙，沒有餘力時，也可能會注意不到要放下的事情。所以定期檢查的行為十分重要。

我會在記事本上設置一頁「放下的事情清單」，並習慣想到什麼就寫上去。

還有，可以設定 1 週 1 天或 1 月 1 天的回顧清單日，計畫什麼時候、該怎麼樣放下清單上寫的事物，並落實行動。

這麼一來，妳會發現這件事情簡單得超乎想像，妳就能珍惜更加重要的東西，更容易吸引到想要的機會與邂逅。

#praise
#warning

想稱讚的地方、想警惕的地方

　　試著把妳當成自己的心靈教練，分別寫下想稱讚自己的地方、想警惕自己的地方（可改善的地方）吧。

　　如果有不小心努力過頭的傾向、容易自我要求太嚴格的人，一定要從平時就開始培養稱讚自己的習慣喔！

　　稱讚，就是認同、適切表揚的行為。

　　如果有人稱讚自己，人就會更努力，努力起來會更開心、興致也會提高。

　　反過來說，如果沒人稱讚，人就很難付出努力。就算是有辦法努力的人，做事動力也會逐漸降低的。

　　而如果是會忍不住寵溺自己，容易偷懶的人，就偶爾警惕一下自己吧。警惕並非斥責、讓自己思過，而是要提醒自己，讓自己意識到有什麼地方該多加注意。

　　如果妳是自己的心靈教練，妳會對自己說什麼話？即使有些嚴厲，也是出自「希望自己變好」的這份愛。偶爾對自己嚴格一點，持續改善習慣，這就是自律、自我管理。

　　人們常說要「糖果與鞭子並施」，我們對自己也一樣要施以糖果與鞭子！試著寫下什麼東西對自己來說是糖果、什麼又是鞭子，並比較看看。

　　自我管理，就是取得兩者之間的平衡。

　　一旦有辦法妥善進行自我管理，想要的結果就會更容易到手。另外，這樣還能更客觀看待自己，和別人溝通起來也會更順利。

Q62 妳想要稱讚自己什麼地方？
試著寫出 3 項看看。

> **EX.** 坦率、誠實、工作一定會在期限內完成、每天都會伸展、總會替孩子著想、英文很好……等等

Q63 妳想要警惕自己什麼地方？
試著寫出 3 項看看。

> **EX.** 常常睡過頭、忍不住飲酒過量、腰圍太寬、容易和別人比較害自己失落、沒辦法長期經營部落格……等等

→ Q64 從 Q62 和 Q63 中各選出一點，
並想像自己如果身為心靈教練，會給出什麼建議？

EX. 【從 Q62 中選出一個優點】

· 坦率
→只要夠坦率，就算現在沒有經驗或技能，也能吸收各式各樣的知識。只要坦率，別人就會對妳不藏私。

· 工作一定會在期限內完成
→無論工作還是任何事情，都會於期限前完成，就代表妳有辦法自律。而且只要一直都有遵守期限，也會累積別人對你的信賴。請務必把這項優點發揮在其他方面！

【從 Q63 中選出一個缺點】

· 常常睡過頭
→試著調整一日行程表。找出每天的例行公事中，有哪件事情會浪費妳的精力，並且捨棄那件事情！而既然時間多了出來，就試著讓自己早點起床，早 1 個小時也好。

· 容易和別人比較害自己失落
→多看看自己的優點！要比的話，就和「過去的自己」還有「未來的自己」相比就好。不過，比較後帶來的失落，是出自「希望自己變得更好」的心態，所以試著把這份上進心當作促使我們進步的彈簧吧。

從 Q62 中選出來的優點

建議

從 Q63 中選出來的優點

建議

妳要成為自己的
心靈教練

漸漸習慣這種感覺了嗎？

前面舉過幾個例子，要妳想像「如果妳是妳朋友」、「如果妳是心靈教練」的話會怎麼做。這種方法非常有助於改變自己看事情的角度。

尤其當妳站在心靈教練的立場，看事情的角度就會一口氣拉高許多。

這正是所謂的自我心靈教練。如果抓不太到要領，下面有一些方法非常希望妳們試試！

想像自己成為演員，扮演教練的角色

發揮妳的想像力，思考「如果我扮演教練的話，會對自己說什麼話？」

跟自己預約教練課的時間，並填入行事曆

就像真的跟人約時間一樣，自己決定好教練課的日子，並填在行事曆上。一定要確保那段時間空下來。

剛起步時，大概一週 1 次、每次 1 小時比較好。習慣之後可以兩週 1 次、一個月 1 次就好，不過建議持之以恆，這樣才能確實接近妳希望的結果。

設定預約的場地，並好好打扮

要認真進行自我心靈教練時，為了和重要的教練度過這段重要的時光，我們要預約場地，服裝和髮妝也要打點稱頭。我認為先從形式做起，也能讓妳產生適度的緊張感。

#impression

印象

這裡，我們要來探討妳給人的「印象」。

據說，塑造印象的要素之中，外觀占了大半。

根據知名的「麥拉賓法則（※）」，外觀（長相、髮型、衣著、表情、姿勢、行為等）占了 55%，聽覺要素（語調、音量、語速與頓挫等）占了 38%，剩下的話語內容則占了 7%。

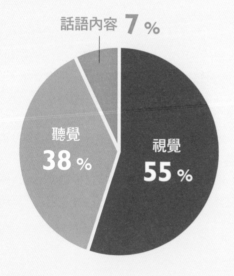

話語內容 **7**%

聽覺 **38**%

視覺 **55**%

※ 麥拉賓法則的內容是在探討說話者帶給聽者的影響，由美國加州大學洛杉磯分校的心理學教授，艾伯特·麥拉賓（Albert Mehrabian）所研究、提出。

妳可以從別人對妳的印象來反思自己，不管好壞。從人家口中聽到他們對自己的印象，是一個給出回饋的好機會，請好好把握。

如果聽了人家的話只是感到開心或失落，那未免太浪費了。

從聽到的話來自省，和自己開場作戰會議，討論出把這些意見發揮在成長上的方法吧。

→ **Q65** 別人對妳的印象怎麼樣？試著寫出妳聽過的 3 種意見看看，並說明妳覺得可能的理由。

EX.

· 很溫柔
→因為我的外眼角是往下垂的。因為我給人的感覺很文靜。因為我總是帶著笑容。
→

· 工作能力強
→因為我做事總是手腳俐落。因為我私人時間也常常談論工作的事情。因為我腦筋動得很快。
→

· 愛操心
→因為我常常說「如果○○的話怎麼辦……」。因為我有時會過於慎重，變得優柔寡斷。
→

＊其他還有例如令人感覺放鬆、個性乾脆、天然呆……等等

別人對妳的印象

理由

→

別人對妳的印象

理由

→

別人對妳的印象

理由

→

→ Q66 看了 Q65 的答案，
感受到了什麼、還是想到了什麼？

EX.

→ ·（很溫柔）雖然很開心別人覺得我看起來很溫柔，但我不希望被當作一個沒有自己的意見的乖乖牌。

→ ·（工作能力強）我喜歡工作，所以很開心聽到別人這麼說我，也讓我更有自信。但如果讓人感覺我的生活被工作塞滿、很難親近的話，就沒辦法發展戀情了，要多加注意才行。

→ ·（愛操心）其實我很想放下所有不安和煩憂。我想變得更積極一點，試著挑戰各種事情。

→
感受到或想到的事情

感受到或想到的事情

感受到或想到的事情

Q67 行動計畫 看了 Q65 和 Q66 後，想想有什麼發揮與補充的方法，並試著寫出現在馬上就能做出的行動。

EX.

· （很溫柔）為了讓自己看起來外表溫柔、內在堅強，平常就要從化妝和表情、說話方式下手，塑造溫柔的形象，並且提醒自己要清楚把意見說出來。

· （工作能力強）工作場合，為了凸顯自己工作能力強的特點，注意自己打扮要洗鍊，說話時口齒清晰且富有知性。私生活上，打扮得更有女人味一點，少說一些工作的事情。

· （愛操心）盡量跟會對妳說出正面話語的朋友相處。閱讀心靈啟發的書籍或參加講座。

＊可以更具體寫出要讀的書名和要參加的講座，並實際去購買書籍、預約講座吧！

發揮方法和補充方法

發揮方法和補充方法

發揮方法和補充方法

成為他人的效仿對象

我想人人都有機會去模仿別人，以及被別人模仿。而被別人模仿的人，一定具備某種特徵。

這個「特徵」，其實就是能充分表現出一個人是什麼樣子的「印象」。

因為自己**平常下意識使用的言詞、作出的表情、舉止，其實意外地都看在他人眼裡，而他們也會模仿妳經常做出的行為。**

其他人會模仿妳的什麼地方呢？還有，當妳在模仿其他人的時候，妳都會模仿什麼樣的地方呢？

如果完全沒有人模仿妳的任何地方，那麼就代表妳無論好壞，在別人心中都沒有留下任何印象。

如果**「想成為讓人印象深刻的人！」**那就成為一個會被許多人模仿的人吧！

具體來說，要做什麼事才能成為被人模仿的人？好比說——

・用字遣詞容易讓人留下印象（盡可能言簡意賅）

・注意表情，時時惦記「如果是理想的自己，應該會常常擺出這種表情吧」

・想像「如果是理想的自己，舉止、姿勢、走路方式應該會是這個樣子吧」並時時身體力行 等等

順便說說我自己的例子，我出席講座和拍攝紀念留影時，都會擺出十分端正的站姿，並面帶微笑。這一點經常被人模仿。

這並非日常生活中的我，而是「打開開關」的我。我認為當我扮演那樣的角色時，給人的印象會比較深刻。一開始我還會刻意讓自己去做到這一點，不過現在已經能下意識切換角色了。這就是把「想讓人看見的自己」留在他人心中的成功範例。

加強氣場的方法

各位認為「氣場」這個詞，到底是什麼意思呢？

我調查後發現，意思是「一個人散發出的能量與氛圍」，並明白了這和「印象」有很大的關聯。我認為「**令人印象深刻的人＝氣場很強的人**」。

試想看看什麼樣的人氣場很強。

「落落大方」、「炯炯有神」、「說話方式特別」、「風姿綽約」、「舉止優美」、「穿著與妝容感覺高雅（或是個性十足）」等等，這些都是一種印象呢。

想要加強氣場，**首先要先決定「妳給人的印象」**。決定的重點，就在於妳截至目前的所有價值觀和喜歡的事物上。

比方說，如果是重視「自由」的人，就好好思考什麼樣的衣著、表情、說話方式看起來帶有自由自在的印象，並去實踐。要持續做上好一陣子喔。

重要的是，必須依循自己的價值觀。

與其刻意營造出一個希望他人看見的自己，不如讓人有辦法感受到妳打從心底珍惜的事物是什麼。那些事情中包含了妳的思想，妳的看法、妳個人都會變得更有能量。

用剛才舉的例子來說的話，妳透過感覺起來「自由自在」的外表、言語、行動，就能慢慢引領妳的心靈，讓自己打從心底覺得：「我非常珍惜自由！」而這一點，別人也會看在眼裡，於是就更加強「我很自由」的自我形象了。

當妳肯定自己「我就是這樣！」抱持著自信時，就會散發出氣場。所以只要心心念念著營造出能表現自我價值觀的印象，相信妳的氣場一定會越來越強的。

#definition

自我定義

　　每個人都有自己一套「對事物的定義」，其中潛藏著每個人的價值觀。

　　了解自己的價值觀，便會湧現想要珍惜這份價值觀的念頭，使行為改變。行為改變帶動習慣改變，習慣改變則帶動人生轉變。於是我們就能成功做自己，過上多采多姿的人生了。

　　活出自我的精采人生，就是能自我肯定的人生，相信「我生而為我真的太好了！」產生活下去的自信。

　　想想看，難道妳不會想知道自己的伴侶、喜歡的人對各種事物抱持著怎麼樣的價值觀嗎？

　　比方說，妳最愛的男朋友對於「結婚」抱持著什麼樣的想像和價值觀？他是怎麼看待這件事情的？

　　如果兩個人心中的定義相差甚遠，那這件事情可能就沒那麼容易實現了。

　　但也不是說，定義和價值觀勢必得相同才行，只是我們需要找個機會好好聊聊彼此的看法還有價值觀。

　　好好聊過之後，接納彼此的差異是很重要的。

　　這和不同國家間在語言、文化上磨合的過程十分類似。

　　大家視為理所當然的標準，日本和美國、和法國、和中國相比自然是差了十萬八千里。不過有差異也沒關係，只要互相傾聽對方的想法：「這在我的國家是理所當然的事情，那你們國家呢？」相互理解一個又一個差異就好。

　　為了理解他人也好，為了和自己好好相處也好，我們首先要做的就是確實掌握自己對事物的定義。

Q68

「工作」對我來說是

> **EX.** 表現自我的工具、實現夢想的手段、支撐我養家活口的東西、打從心裡想做的事情、挑戰……等等

Q69

「金錢」對我來說是

> **EX.** 帶給自己和他人必要的東西，使人幸福的玩意兒、為了生存不可或缺的東西、勾起慾望的東西、實現夢想所需的東西……等等

Q70

「戀愛」對我來說是

> **EX.** 讓自己變漂亮的事情、身為女性的喜悅、拉扯、能學到很多的事情、令自己感到困惑的事情、令人想起如何體貼別人的事情……等等

Q71

「結婚」對我來說是

> **EX.** 信賴關係的具體化、社會性的表面功夫、有過一次就夠了的事情、約定、從小到大的夢想、一種形式而已、為了生小孩必須擁有的關係……等等

Q72

「（有）小孩」對我來說是

> **EX.** 自己的分身、應該以一個人的身分去尊重的存在、想把自己的東西傳承給他的存在、鏡子、一種療癒、一項學習、帶給我勇氣的存在……等等

Q73

「父母、家人」對我來說是

> **EX.** 給我機會的存在、令我感謝的人、令我尊敬的人、反面教材、無條件接受我的人、教導我做人處事的人……等等

#ilikeyou
#ihateyou

建立現在的妳的人際關係

前面提過，構成自我的要素在肉體方面有食物，精神方面有思考。而如果再擴大一點範圍，也可以加入「環境」。

環境包含了物理上的環境（住的地區、住家、常去的地方、職場、旅遊地點、常看到的東西、常聽到的事情、穿戴的衣物……等等）和人際關係。

人際關係會影響妳的思考和性格，甚至也會改變妳的外表。

Step2 中，我們深入探討了「理想的人際關係」。而這個部分，我們則要去挖掘形成現在的妳的人際關係。

了解自己對人際關係的價值觀後，就會漸漸明白自己需要的事物、不需要的事物，人際關係自然就會獲得整理。而人際關係一團亂時，就代表妳搞不清楚整理的基準（價值觀），或是基準開始模糊的時候了。

對物及對人，都是越簡單，越能凸顯出重要的事物。

試試看在【 Q81 】中，對那些讓妳想說聲「一路走來，感謝有你」的人，寫下妳感謝的心情。好好感受，並盡量多寫一點。這麼一來，妳的心中便會充盈著愛，感覺更幸福。

人生中最重要的事情，並不是結果，而是路途中感覺到了多少愛與感謝。我認為這才是真正的豐饒、真正的幸福。

Q74 妳目前有產生過戀愛情感的對象，
具有什麼樣的共通點？試著寫出 3 項看看。

> EX. 追逐夢想、具國際視野、個子高、腦袋靈光、有男子氣概 ……等等

Q75 妳目前會憧憬的人，具有什麼樣的共通點？
試著寫出 3 項看看。

> EX. 受到很多人愛戴、散發出吸引人的氣場、談吐有趣、會參與慈善活動、優雅、應對進
> 退靈活、總是笑臉盈盈 ……等等

Q76 看了 Q74 和 Q75 之後所發現什麼事情？試著寫下來看看。

> EX. ·我會被總是在改變的人吸引！可能是因為我容易膩
> ·原來我會希望有人愛我
> ·到頭來感覺自己老是強求自己沒有的東西

Q77 妳討厭的人和不擅長應付的人具有什麼樣的共通點？
試著寫出 3 項看看。

> EX. 強加自己的想法在別人身上、不遵守約定、表裡不一、自傲、總是說人壞話、感覺不
> 整潔……等等

Q78 妳在人際關係和溝通上會注意哪些事情？
試著寫出 3 項看看。

> EX. 和不擅長應付的人保持一定距離、人前人後都絕對不說他人的壞話、時時記得要稱讚
> 對方的優點、言出必行……等等

Q79 看了 Q77 和 Q78 之後發現什麼事情？
或是想對自己承諾什麼？試著寫下來看看。

> EX. ・己所不欲的人際關係，也勿施於人
> ・寫下自己討厭的相處模式時，腦中冒出了好多次某某人的臉
> ・我發現現在意識到的事情，是自己過去經歷過的失敗

Q80 最理解妳的人是誰？
也試著寫出理由。

EX. ・母親
→知道我所有軟弱的部分和真正的樣子，總是溫柔地接受我。而且還有血緣關係這層絕對的信賴。

最理解自己的人

理由

Q81 妳想對誰說聲感謝？
請想像自己是真的要寫信給那個人，
抱著感謝的心情寫看看。

EX. ・以前的男友△△先生
→多虧有你，我才有所改變。我想要成為像你一樣總是積極以對，帶給他人元氣的人。和你相處的好長一段時間與空間，令我感覺自己大概知道該怎麼做了。現在的我有自信可以說，我已經成為之前的我想要成為的自己了。謝謝你！

想感謝的人

感謝信

#favorite

喜愛的事物

了解自己喜愛的事物，就能了解隱藏在那些事物背後的重要價值觀。

這裡，我們先從一般容易想像的「電影、書、國家」為主題，去探討自己喜愛的事物吧。

每個人喜歡的部分都不一樣，價值觀也是多元多樣的。

妳有怎麼樣的價值觀呢？

了解為什麼會喜歡那些電影和書籍、國家，也是一項訓練，幫助妳找到喜歡自己的地方，還有別人的優點。

像這樣大量詢問自己「為什麼」，就能和自己越處越好。

就像跟朋友聊天時，先聊聊最近的電影、書籍、想去的國家，會讓氣氛意想不到地熱絡起來一樣，這些主題在與自己對話時，也是引起興致的好方法。

不過，當妳問自己「為什麼」的時候，不要像質詢一樣逼問。要領在於帶著跟小孩興奮問父母問題時一樣的心情！

還有，在妳探索喜愛事物的過程中，即使乍看之下似乎沒有統一的價值觀可言，但全部寫下來後再綜觀看看，相信妳就能發現意外的共通點。

掌握這個共通點，就等於發現自己重要的價值觀。

了解價值觀，就會帶給自己行動的動力。

並且每天都能提起興致，躍躍欲試。

Q82 妳喜歡哪部電影？
也說明一下理由、和印象深刻的小事
還有喜歡的場景。

EX. ・「小美人魚」
→愛麗兒對自己誠實，帶著自己的意志自由自在地過活，這帶給我很大的勇氣。而且色彩鮮豔的影像、加上歡樂且令人感動的音樂，讓我看得雀躍不已！
【印象深刻的小事和喜歡的場景】
愛麗兒和賽巴斯汀穿梭海中載歌載舞的場景、還有愛麗兒將親眼見識人類世界的強烈渴望唱成歌的那一幕。

・「慾望城市」
→透過站在各種立場的女性，以多元角度描繪的生活故事真實感十足，看了很有共鳴、也很令人憧憬。另外，她們的打扮和逛的店家都好漂亮，讓人怦然心動，是我參考的對象。
【印象深刻的小事和喜歡的場景】
4 個人一起去阿布達比的場景。我很嚮往只有一群時尚的成熟女性參與，無所顧忌的旅行，感覺好開心。好想要來一趟那樣的旅行看看，這種友誼超棒的！

妳喜歡的電影

理由

印象深刻的小事和喜歡的場景

→ Q83 妳喜歡哪本書？
也說明一下理由、和印象深刻的部分
還有喜歡的部分。

EX. · 「牧羊少年奇幻之旅」（保羅 · 科爾賀 Paulo Coelho 著／周慧玲譯／時報出版）

→主角經過冒險，遇見許多人，在眾多考驗之中面對自己並有所成長。這本書教會了我相信自己的重要性，讀了就能獲得勇氣，促使自己做出行動。

【印象深刻和喜歡的部分】

沙漠中的女孩法蒂瑪有一段話我深有同感：「我希望我的男人四處飄盪，自由如吹著沙丘的風。」

· 「與成功有約：高效能人士的七個習慣」（史蒂芬 · 柯維 Stephen R. Covey 著／顧淑馨譯／天下文化出版）

→有如人生指南的一部作品。當我感到疑惑的時候，只要再次翻閱這本書，就能找到解決方法。

【印象深刻和喜歡的部分】

建立個人使命宣言（mission statement）。透過這個行為，我的使命感、面對人生的動力獲得了大幅提升。

喜歡的書
理由
印象深刻和喜歡的部分

Q84 妳喜歡哪個國家或城市？
也說明一下理由、
和讓妳喜歡上的小故事。

EX. ·巴黎
→那裡的女人不管到了幾歲都還是「女人」。她們很珍惜自己的身分，總是擁有屬於自己的驕傲（好的方面），很多人都很優秀。
【讓我喜歡上的小故事】
5 年前到巴黎旅遊時，和一位穿著高跟鞋、帶著紅唇、噴了香水的年長女性擦身而過，令我心動了一下。在巴黎遇見了許多這些即使上了年紀，也依舊性感且有氣質的女性，讓我開始期待自己成為更加成熟的女性。

·夏威夷
→有種說不上來的開闊感，氣候又怡人。大海漂亮、時髦的飯店和商家目不暇給，走到哪裡都不會膩。而且日本人也很多，令人放心。
【讓我喜歡上的小故事】
第一次去夏威夷，剛好是在煩惱人生的時期，不過夏威夷的景色和人們治癒了我，當我回國時已經神清氣爽，也看出解決的方法了。

喜歡的國家和城市
理由
讓我喜歡上的小故事

讓人覺得和妳相處起來
「很開心！很自在！」的方法

試著面對這本書提出的課題後，搞不好妳已經察覺了自己的價值觀，甚至有辦法清楚說出來了。相信妳已經越來越了解自己，讓人生變得越來越好了。

然而，請妳可也別因為這樣，就突然跑去詢問周遭親朋好友的價值觀喔。

如果不按部就班，我想他們有很多地方會搞不懂的。

特別是對小孩、對伴侶這種平常不太會跟妳聊這些事情的人，如果突然談論起價值觀，很容易讓對方覺得「太複雜了」或是「妳變得好奇怪」。

這種時候，**試著打從心底抱持興趣，去問問對方喜歡的事情和令他興奮不已的事物、有興趣的東西。**

一一列出喜歡的事情和令人興奮不已的事物，不僅是一種純粹的喜悅，也會拓展自我形象、提升動力。對方肯定會雙眼發亮，覺得與妳分享的快樂勝過獨自擁有。

如果相處時能有這樣的時光，對方就會覺得很自在、很開心，對妳產生好感。

這也是加強溝通能力的手段之一。

真正善於溝通的人，並不是厲害在說，而是厲害在聽以及問上面。

另外，妳多問幾次對方喜歡的事情和令他興奮不已的事物，對方自然會慢慢發現自己的價值觀。這麼一來，對方也會覺得「和妳相處令我發現了很多事情，還想再和妳見面」。

Column

拋開藉口，就能活出自由

事情並不會帶給妳壓力，妳如何看待那件事情，才決定那件事情會不會成為妳的壓力。

當壓力來襲時，大部分的人都會找藉口。

「如果沒有做○○的話」、「要是有做○○就好了」、「要是再早一點就好了」、「因為○○，所以做不到」、「因為有○○我才做得到」等等，有沒有想到什麼呢？

如果沒有任何藉口，人生該有多無憂無慮啊！

首先，我們要寫出自己心中所有的藉口，使自己有所覺察，這很重要。覺察之後，就要努力一個個放下那些藉口（→參照 P.102「放下的 Step」）。

再來，試著把藉口轉換成積極的話語吧。

例如：「因為○○，所以做不到」→「試著讓自己有辦法做到○○吧！」

我先生 5 年半前離開人世後，我就一直盡力在做這件事。

現在，我已經能順受碰到的狀況了。由於我不再為自己找藉口，生活過得更輕鬆，精神方面再也無拘無束。

我以前對自由的定義，是「可以和喜歡的人生活在喜歡的地方、工作，在喜歡的時候到喜歡的地方旅行、有能力買自己喜歡的東西」，不過現在我想，或許自由是「精神方面的解放」。

也就是能坦然接受任何事物與狀況，毫無藉口地活著。

Step 3　結束

這一章，我們問了許多深掘內心的問題。

對自己了解得越多，是不是就越來越愛自己了呢？

和伴侶建立良好關係時也一樣，花時間慢慢來，細心地秉著愛相處，就會產生信賴關係。這份信賴，會隨著日子一天天過去而變得越來越堅定。

這本書的大主題是「讓自己成為人生的最強夥伴」。和自己組成拍檔後，妳就會變得無所畏懼，有辦法去挑戰各式各樣的事物了。

因為即使失敗，依然有個人會毫無保留地接受妳的一切。不安佔據心頭時，也一定能靜下心來面對眼前的問題。

重點整理

☑ **不要疏忽與自己的溝通**
試著意識自己平常下意識做出的行為後，妳就會發現很多事情。

☑ **和自己建立信賴關係，
就能開拓人生的可能性**
為了發揮自己的特質，也為了擁有真正的豐富人生，首要之務就是搞清楚自己到底多了解自己。這會成為妳的鑰匙。

☑ **如果有辦法感受到許多的愛與感謝，
就能過上幸福的精采人生**

Step 4

#life

16 個關注人生的提問

如果今天是人生的最後一天，
想想看你今天打算要做的事情，
真的是你想做的嗎？
如果回答「NO」的日子
一天接著一天過，
那就必須要做點改變了。

史蒂夫・賈伯斯（Steve Jobs）

16 Questions to Rethink My Life

俯瞰自己的人生
找到生命的意義

最後的這一章，我們將接觸到截至目前的問題中最深層的部分……我們要思考「人生」。

去思考過去、現在、未來，以及妳誕生的意義，妳會更加愛惜自己的人生，每天都過得興致勃勃，還會產生使命感，人生將變得更有意義。

選擇與自己的潛源（source）息息相關的生活方式，會令妳每天都十分快活，幸福洋溢。

我過去已經回答了許多書中出現的這類問題，而這一章的問題尤其困難。一開始我根本答不出來，但花了超過 10 年的時間，仔細地做出一次又一次的自我提問，最後終於找到了我能夠挺起胸膛大聲說出口的答案。

當然，我想這些自我探索會一直持續到我過世的那天，不過跟什麼都不想的那段日子相比，我認為現在的我找到了人生的意義，活得很有能量、精力充沛。

如果精力充沛的時間越多，身心也會更加健康，許多事情都能享受到超越以往的樂趣！

難道妳不想試試看讓人生中更多的時間過得充滿能量嗎？回答完所有問題後，相信妳一定會離實現理想又近了不少！

POINT

☑ 仔細回顧過往的人生

☑ 多花點時間也沒關係,細心點。
就算一個問題花上一天也無妨

☑ 想不到答案的時候,
可以試著詢問身邊的人,尋找靈感

☑ 如果還是覺得難以回答,就不要勉強自己寫出東西。
花時間慢慢寫也 OK

☑ 把自己的人生視為一部電影,
以回想電影的感覺來書寫看看

#learning
察覺的事情、學到的事情

　　細細回顧人生的轉振點和失敗經驗、成功經驗，就能了解妳現在的生活方式。

　　妳現在的價值觀，是形成自過去的哪些事情呢？
　　透過寫出每道問題的答案，妳會更加肯定自己的人生，變得更有自信。

　　妳在寫答案時，如果產生否定自己的情緒、陷入自我厭惡的情形，就必須要仔細審視為什麼會變成這個樣子。
　　如果注意到原因了，就花點時間，慢慢將那些情緒改寫成正面的語句。

　　已經發生的事情無法改變，但妳可以改變賦予它的意義。
　　比方說，假設自己的某句話不小心傷了人，結果導致關係破裂。這件事情已經無法改變，而且搞不好不管再怎麼努力都難以挽回這段關係了。
　　可是，妳要讓事情就結束在這裡，還是未來好好運用這次得到的教訓呢？
　　妳要捫心自問，如果想要活用教訓，該怎麼做才好？

　　假如心中沒有答案，可以試著換個角度去想：「如果是我崇拜的誰誰誰會怎麼想，又會做出什麼樣的建議呢？」
　　如果覺得這樣想還是很不容易，可以試著問問朋友和前輩這些身邊的人：「如果想把這類的教訓活用到之後的人生，能做的事情有哪些？」

Q85 妳人生的轉捩點是什麼事情？
又從中學到了什麼？
試著寫出 3 項看看。

EX. ・20 歲時花了 1 個月獨自旅行到各個國家
→見識到文化與價值觀的差異，親身體會到日本國內的常識並不等於全世界的常識。我需要擁有更多自己的意見、以及更好的表達能力。而且我深深體會到，為了實現自己想做的事情，英文是不可或缺的。

・創業
→離開工作多年的公司，嘗試獨立創業後，腦中的常識也大有轉變，令我深刻體會到一直以來受到公司和他人多大的幫助才得以生存。一開始吃了好一陣子的苦，感覺心很累，不過當初吃的苦也成了今天的糧食。我學到把持信念，堅持下去的重要性。

人生的轉捩點

學到的事情

人生的轉捩點

學到的事情

人生的轉捩點

學到的事情

Q86 妳人生中有哪些失敗的經驗？
又從中學到了什麼教訓、怎麼活用到之後的問題？
試著寫出 3 項看看。

EX · 過去談戀愛時，因為自己太幼稚而造成了對方的困擾，情緒化之下就吵架分手了。
→有了那次的經驗，我對現在交往的男朋友絕對不會意氣用事，總是能客觀且冷靜
地面對，也更有能力體貼對方了。

· 因為自己的失誤導致某個專案被腰斬，帶給小組成員很大的麻煩，也造成了公司的
損失。
→養成重複檢查有沒有問題的習慣，之後就沒再犯過錯了。還有，那次的失敗對我
來說就像一個大彈簧，讓我更認真去面對工作，上司對我的評價反而變好了。

人生的失敗經驗

學到的教訓、活用的方式

人生的失敗經驗

學到的教訓、活用的方式

人生的失敗經驗

學到的教訓、活用的方式

Q87 妳人生中有哪些成功的經驗？
又從中學到了什麼事情？試著寫出 3 項看看。

EX.
· 下定決心換了工作，到了新公司後負責了一項很大的案子，身為小員工也能如自己所願地工作。小組成員也可以自行挑選了。
→我學到了下定決心並付諸行動，不要優柔寡斷的重要性。我想我養成了想到什麼就立刻行動的習慣，而且行動後得到的結果也成了我的自信來源，令我對任何事情都比以前更有自信了。

· 透過學習新事物，認識了想要珍惜一輩子的好朋友。彼此相互刺激、共同成長，關係好到我認為不管發生什麼事情，對方都一定會站在我這邊。
→如果碰到有興趣的事情、或有什麼靈光一閃的想法時，別想太多，什麼都去試試看的話，就會創造新的緣分。要相信自己的直覺來行動。交到和自己如出一轍的朋友，竟會令心情如此放鬆。

人生的成功經驗

學到的事情

人生的成功經驗

學到的事情

人生的成功經驗

學到的事情

#priority

優先順序

這裡，我們要探索「妳最深層的價值觀」。

只有回答完 Step1 ～ 3 的諸多問題後，回答這裡的問題才有意義。

如果是開始使用這本書之前的妳，就算被人問到「妳最重視的事情是什麼」，妳可能也只會回答出用腦袋思考的表面答案吧。

不過，現在的妳已經面對了自己許多次，潛意識也漸漸浮上表層，所以有辦法觸碰到更深層的答案了。

妳探索了人生中重視的東西，還有那些事情在心目中的優先順序，想必妳如今已經真正了解到自己應該做什麼、應該要是什麼樣子了。

「明明知道要做什麼，卻覺得自己沒有實際做出行動……」如果有這種感覺的人，那大概是妳腦袋上雖然理解，卻沒有打從心底接受的關係。

有句話說：「打從心底接受」，意思就是要讓自己的靈魂深處（心）去接納腦袋中理解的事情。

人一旦打從心底接受了一件事情，就會自然而然化為行動。

舉個比較簡單明瞭的例子，有很多人即使認為「健康很重要」，卻無法戒除對健康有害的習慣。

可是，如果因為不健康的習慣害自己患上生死交關的重病，就會發自肺腑地體會到「健康很重要」，康復之後簡直像變了個人一樣，養成了許多健康的習慣……這樣的例子並不少見。

想要打從心底接受重要的事情，反覆提醒自己那件事情就對了。像念咒語一樣每天在心中默念好幾次，牢牢記住那些話。這麼一來，妳就有辦法基於那些想法做出行動、累積經驗，最後打從心底接受了。

Q88 妳人生中最想珍惜的事物前 3 名是哪些？也說明看看理由。

EX. 【第 1 名】和重要的人之間的牽絆還有相處的時間
→這是自己的能量來源，無論如何都想好好珍惜這方面。還有，希望自己跟喜歡的人們都能健健康康的。

【第 2 名】能不斷成長
→人生就只有一次，我想要挑戰各種事情，開拓自己的可能性。成長也會讓我產生自信。

【第 3 名】活得自由
→不要別人對我比手畫腳，不要受限於常識。我要主動選擇自己決定的事情，總是相信自己而活。

第 1 名	人生中最想珍惜的事物
	理由

第 2 名	人生中最想珍惜的事物
	理由

第 3 名	人生中最想珍惜的事物
	理由

→ Q89　**妳人生的座右銘（信念、方針）是什麼？**
　　　試著寫出 3 項看看，並說明理由。

EX.　・對自己誠實
　　　→因為一直對自己說謊很累，我想跟自己好好相處。

　　　・對他人真誠
　　　→無論好壞，自己做的事情都會回到自己身上。如果對人不真誠，別人也不會對妳真誠。

　　　・不要畏懼挑戰
　　　→我想發掘自己的可能性、認識還沒見過的自己。人生只有一次，我要活得無怨無悔。

人生的座右銘

理由

人生的座右銘

理由

人生的座右銘

理由

Q90 有誰體現了妳理想中的生活方式？試著舉出 3 個例子看看，並說明理由。

＊身邊的人、名人、電影和書籍中出現的角色，任何人都 OK。

EX. ・某某人生導師

→在日本跟海外都有活動據點，跟各行各業的人往來毫無隔閡。從事自己真正想做的工作，並成功創下多番事業。總是活力滿滿、看起來光芒四射。

・母親

→具有女性風範，而且既謙虛又體貼，非常珍惜和家人相處、打理家庭的時間。總是努力維持自己的美，絲毫不懈怠。十分敬重老公（家父），兩個人上了年紀依然十分恩愛。

體現妳理想中生活方式的人

理由

體現妳理想中生活方式的人

理由

體現妳理想中生活方式的人

理由

#history

自己的歷史

假如以 10 年為一個單位來劃分自己的人生，任何人都會發現自己身上的劇烈變化。

有些人可能 1 年內就會產生莫大的變化，也有人也許過了 5 年還是一成不變。

妳可能覺得自己既沒換工作，也沒搬家，伴侶也還是同一個……但就算表面看似毫無變化，內心又是如何呢？

看待事情的方法、價值觀等等，我相信一定有很多變化的。

自己和周遭的環境、人、人生，一切都瞬息萬變。沒有什麼是不會改變的，不如說，如果妳抵抗改變，同時也等於讓自己的成長和進化停擺。即使時時在變化，只要去享受變化過程中不時帶來的樂趣就好。越能享受變化的人，人生的收穫也越多。

接下來，請以 10 年為一個單位，試著簡單描述看看每一個階段的自己。

前面的章節也說過，重點在於「簡明扼要」。

這麼一來，妳就會在總結過去 10 年時，明白自己是怎麼看待那些時候的自己，還有接下來的 10 年妳想要怎麼做了。

和 10 年後、10 年前的自己對話，也等於是和成長後的自己與成長前的自己對話，所以建議各位可以在人生每個階段間的銜接點，都實行這件事情。

尤其要記得，時時站在未來的角度（理想的自己）去看待現在的自己。這會幫助妳往人生的下一個階段成長。

了解自己有什麼成長，就會對自己的生活方式更有自信。那份自信，也會成為妳活下去的動力。

→ Q91 如果以 10 年為一個單位劃分妳的人生，
並替每個階段下一個標題或主題的話，妳會怎麼下？

＊已經過去的階段，就回顧反省。面對未來的階段，就思考夢想和目標。
＊多留一點時間，並細細品味每一個 10 年。

EX.
【10～19 歲】天真無邪、富有好奇心
【20～29 歲】瞭解現實，嘗到挫敗的滋味
【30～39 歲】結婚生子
【40～49 歲】養成自我提升的技能
【50～59 歲】享受身為一名女性的人生
【60～69 歲】追求興趣的更高境界

我的例子
【10～19 歲】憧憬與挑戰
【20～29 歲】自我實現與做出實績
【30～39 歲】樹立自己的風格
【40～49 歲】家庭工作並立
【50～59 歲】迎接人生新挑戰
【60～69 歲】年輕人的優良指導者

10～19歲	
20～29歲	
30～39歲	
40～49歲	
50～59歲	
60～69歲	

Q92 妳想問 10 年後的自己什麼事情？
或想對她說什麼事情？

> EX. ・我現在正打算挑戰的事業，有沒有順利達成呢？
> ・我現在該注意什麼、該怎麼做呢？
> ・我現在很煩惱，不過同時也很興奮、很雀躍！……等等

Q93 10 年後的自己
會對現在的妳說什麼話？

> ＊想像自己站在未來的角度

> EX. 比起結果順不順利，更重要的是相信現在的自己，如果是自己想做的事情，那就應該放手去試。因為人生就這麼一次，比起什麼都不做而後悔，做了之後後悔還比較有收穫。試著去選擇看看那些令妳怦然心動的事情吧！

Q94 現在的妳
會想對 10 年前的自己說什麼話呢？

> EX. 現在讓妳難受到不行的事情，時間都會替妳解決，沒事的，不用擔心。現在的經驗會成為妳未來的食糧，所以儘管鼓起勇氣，向前邁進吧。

為什麼要先看較遠的未來
再看較近的未來

能以 10 年為單位去思考自己的人生階段後，就試著思考看看 1～5 年後的近未來吧。

如果有辦法以 10 年為單位去思考，對於 1～5 年後所想像的內容也會有所改變。

因為妳如果一直有站在現在的角度去思考未來，就會有辦法站在未來的角度思考現在的事情。

先知道終點在哪裡，再去想像通往終點的路途，就能宏觀看待現在的時刻了。如果你只用現在的觀點來思考現在的事情，那麼妳的視野就會變得十分狹隘，也會縮限妳自己的機會。

如果能站在未來的角度，作出現在的選擇，妳就能過得活力充沛。這些經驗累積起來，妳就不會畏懼挑戰，即使失敗也能化為人生的肥料，對自己的生活方式抱持自信。

再來，下面的【 **Q95** 】有一個地方需要特別注意。請把寫下來的答案，視為「非達成不可的『應行事項清單』」。

寫下答案是為了自行確認現在的妳想怎麼樣，而不是用來束縛自己。

擁有目標是一件非常棒的事，然而有時難免會因為在意目標，越來越鑽牛角尖。如果因此害自己變得悶悶不樂，可就本末倒置了⋯⋯。

如果把注意力放在目標上，心情仍能保持正面的話，那擁有目標就是件好事。但假如妳看著目標時會產生負面情緒，那乾脆不要設定目標，把心思集中在「自己想要怎麼樣」的價值觀上就好。

⟶ **Q95** 自現在起 1 年後、3 年後、5 年後，
妳希望自己變成什麼樣子？

EX. 【1年後】達成現在工作上的目標，並正式開始準備獨立創業。1年內做好資訊蒐集、拓展人脈、資金周轉等行動。
↓
【3年後】獨立創業，終於上軌道時，準備開設第2間分店，忙完這件事情後差不多就可以和現在交往的男朋友結婚了。
↓
【5年後】把2間店交給員工，自己則轉向背後經營，並結婚生小孩。這時已經確保有足夠的時間和金錢來養小孩了。

【1年後】申請好工作簽證，開始夢寐以求的巴黎生活！
↓
【3年後】在巴黎結交了許多顧客，甚至擁有屬於自己的一間店。口碑傳到海外也很多VIP客人光顧，還受到雜誌採訪。
↓
【5年後】在部落格上分享巴黎的生活型態與工作的事情，日本出版社聯絡我，希望出版我的書籍，隨筆集在日本大熱銷！跟法國人結婚，假期時開始會環遊世界各地。

1年後	

↓

3年後	

↓

5年後	

If　如果○○的話會怎麼樣

妳要以現在的自己之外的角度，去思考「如果○○的話會怎麼樣？」

「如果站在對方的立場，我會怎麼想？」
「如果是某某人的話，這種情況下會說什麼？」
「如果是某某人的話，會怎麼看待這件事？」
「如果我做了（沒做）○○的話，現在已經怎麼樣了？」

試著去想想這些事情，妳就可以俯瞰自己以及周圍的狀況，看見之前看不見的東西，發現過去沒發現的事情。

眼睛可見、耳朵可聞，是因為腦袋認知到「有」這麼一回事，那些事物對妳來說才存在。如果腦袋沒有認知，那就算是實際出現在眼前的一片景致、實際聽得見的聲音，對妳來說也等於不存在。

有句話說「心不在焉」。在這種狀態下，妳就看不見眼前的事物，也聽不進聲音。

簡單來說，**妳有沒有把注意力放在一件事情上，會改變妳看到的、聽到的東西。**

俯瞰自己，可以拓展妳的所見所聞。

如果覺得自己碰到瓶頸、感到不安時，就俯瞰自己，梳理一下狀況與情緒吧。這麼一來，妳也會更容易找到解決的方法。

#purpose

人生的目的

本章最後要回答的問題，可能會特別不好回答。

妳希望人生的最後一個瞬間是什麼樣子？

妳希望自己死後，身邊的人如何蓋棺論定？

這些問題的答案，會顯示出妳人生一路走來所重視的事物、視為優先的事情（人生價值觀）。

不過，也有些讀者可能會覺得：「誰知道自己死後會怎麼樣，人家要怎麼想都無所謂。」

關於這一點，我認為如果妳在世的時候是照著自己能接受的方式而活，那就沒關係。可是明明沒有以自己能接受的方式過活，卻還是這麼想的話，那就是在看不起自己的人生。

重要的是，「活出自己想要的模樣」、「秉持著自己的價值觀而活」。這會帶給妳非常充實的人生。

而〔 Q99 〕的問題：「如果要為妳的人生下一個標題，妳會怎麼下？」其實就等於在問妳：「如果要總結妳的人生，妳會怎麼總結？」

順便跟大家分享，我在出版第一本書時，就心想要用一句話來表現自己的人生，於是從眾多候補選項中，精挑細選出了一句話。

當我決定書名是《把想做的一切做好做滿的人生》後，感覺心中的各種想法逐漸產生連結，拉出了一條線。

而從那之後，我很驕傲自己的言語和行動具有強大的力量，也越來越多人開始這麼說我了。

也為了加速妳的人生進入豐饒且幸福的狀態，我希望妳能細心回答這些問題。

Q96 如果今天是妳人生的最後一天，
妳會做什麼？

> EX. 想對喜歡的每一個人表達自己的感謝、想和平常一樣跟家人度過，一起吃頓好吃的飯
> 並盡情歡笑……等等

Q97 自己死後，
希望人家怎麼說妳？

> EX. 能帶給周遭的人元氣、為他人點亮生活方式的明燈、打從心底愛著家人的人、留下許
> 多豐功偉業的人、精通了○○之道的人……等等

Q98 想在自己的墓碑上刻什麼樣的墓誌銘？

> EX. 謝謝你、感謝、愛、夢想、座右銘……等等

Q99 如果要為妳的人生下一個標題，妳會怎麼下？

> EX. 把想做的一切做好做滿的人生、對自己毫無欺瞞的生活方式、實現夢想的故事、環遊
> 世界之旅、冒險、不斷嘗試，勇於犯錯……等等

Q100 妳認為，自己出生在這個世界上的意義（靈魂的目的）
是什麼？

> EX. 幫助他人、朝著夢想發起各種挑戰、教導他人、愛惜家人、告訴他人活出自我的重要性
> ……等等

Step4 結束

妳已經回答了各式各樣和人生有關的問題。

感覺就像走馬燈一樣看了一遍自己的人生對吧？

像這樣定期回顧過去，就會對於來到人世產生更多的感謝之情。

人生是一場無法重拍的 LIVE 電影。電影的主角是妳、劇本和導演等一切妳也都有參與。

如果要把自己的人生拍成電影，妳想拍成什麼樣的電影呢？

請各位明白，這部電影的題材和出場角色、場景、呈現的感覺，全都可以依妳的喜好自由發揮。

而妳是演員，想必也會碰上一人分飾多角的情況吧。不過，偶爾也可以盡情享受別人給妳的角色、並加以活用，讓電影越來越熱鬧，人生就會變得精彩絕倫。

重點整理

 符合自己價值觀的生活方式，
可以讓每天都過得很快活，
並感覺幸福洋溢

 已經發生的事實無法改變，
但妳可以改變賦予它的意義。

 了解自己有什麼成長，
就會對自己的生活方式更有自信。
那份自信也會成為妳活下去的動力

Special

#solution

30 個解決
人生所有問題的提問

　　這部分的問題，在妳往後的人生路上都可以屢次派上用場。如果想不到要回答什麼，可以先跳過沒關係。

　　當妳煩惱、迷惘，在如無頭蒼蠅般找人商量之前，不如先把手輕輕放在心上，悄悄地、溫柔地問問自己的心吧。所有的答案，都存在於妳的心中。

　　我們瞞不過自己心中的答案。那個答案如果是自心底湧出來的，就必須好好珍惜。比起其他人的話，請妳更重視自己的心聲。一次又一次後，妳的心聲會越來越明顯，越來越容易聽清。

#conflict

意見衝突

　　無論工作方面還是私人方面，當妳迷惘「該不該堅持己見到底」、「該不該聽從對方的話」時，這些問題都能助妳一臂之力。

　　有時，妳很想要反駁對方，卻不想搞壞彼此的關係，希望能維持對彼此來說都很舒服的關係，可是又不太能接受委屈求全。如果妳碰上了這種煎熬的狀況，請試試看這邊的問題。

　　我相信這些問題能運用在各式各樣的情況上。

　　這一部分要說的是，為了做出冷靜的判斷，妳需要具備客觀的視角。將想法寫下來，就能透過自己的眼睛去確認那些文字。當妳需要以客觀角度看待事情時，這種方法十分有效。

　　即便妳覺得自己已經想明白了，實際寫下來後，心情和狀況可以得到進一步的梳理，有時還可能會變成和一開始不同的想法。

　　假若妳寫出來後依然感到煩惱，那就交給直覺做出最後決定。妳都已經如此慎重面對自己了，老實說不管最後選了什麼，妳應該都不怎麼會後悔的。

　　無論做出哪一種選擇，只要對結果負責就沒問題了。

　　有辦法對自己的行為負責，下定決心去面對事物之後，妳每天的選擇、妳的人生都會變得乾脆清朗，越來越少迷惘。

　　如果能擁有這樣的生活方式，最大的影響就是妳會過得神清氣爽。但不只是這樣，也會有越來越多人聚集到妳身邊，彷彿是妳吸引了這些人一樣。

　　會這樣是因為人都有個傾向，會聚集在能提升自己的強大存在身邊。

　　抱著破釜沉舟的決心，讓自己進入「不管什麼結果都能接受」的瀟灑心態，那麼妳就能正面看待世上大多的事物，視野與機會自然也會舒展開來。

Q1 妳的意見是什麼？

Q2 對方的意見是什麼？

Q3 妳的意見和對方的意見有什麼不同？

Q4 試著想像妳堅持己見所發展出的未來，
把妳能想到的事情寫下來看看。

Q5 試著想像採納對方的意見所發展出的未來，
把妳能想到的事情寫下來看看。

Q6 冷靜比對兩種未來，妳覺得哪一邊算是最好的發展？
並說明理由。

Q7 選擇任一種結果後，要怎麼做
才能讓這份結果對雙方來說都是有益的？

　　當機立斷，「選擇現在決定的未來」，並對自己發誓絕對不反悔。不管妳選擇的未來會是什麼樣子，妳都有辦法化為有益的結果。相信自己吧！

#stress

對對方的不滿

　　對對方的不滿和壓力，其實不是來自對方，都是妳自己讓它產生的。因為自己認為彼此之間的差異不是件好事，才會導致不滿與壓力。

　　這裡提到的感覺，也可以說是「價值觀」。

　　好比說，有些人即使房間髒兮兮的也無所謂，有些人只要有一點髒亂就不能接受。這就是兩者價值觀上的差異。

　　因為妳想要去迎合（或是對抗）對方的價值觀，妳才會感到挫折。

　　透過這邊列出的問題，來了解自己的價值觀，並先以自己的價值觀為重吧。

　　做到這點後，如果真的很珍惜對方，再微調（＝配合對方）自己的想法和看法就行了。

　　如果微調帶給妳壓力，那我想妳可以和對方稍微拉開一點距離。妳沒有必要勉強自己配合對方。

　　到頭來妳還是要二選一：不惜跟對方拉開距離也要尊重自己的價值觀？還是想好好珍惜兩人之間的關係而讓步？

　　說得極端一點，為了避免自己感覺到壓力，就「不要把壓力當壓力」。

　　就是因為妳想要去處理帶給妳壓力的問題，才會徒增多餘的壓力。想要改變他人之前，得先改變自己。

　　這是最有效率，也最和平的方法。

Q1 妳現在對對方的什麼地方感到不滿？
試著舉出具體的例子看看。

Q2 Q1 的答案是源自於妳的哪種價值觀？

Q3 對方有沒有發現妳 Q2 提到的價值觀？
如果有注意到，那妳覺得對方是怎麼看待這份價值觀的？

Q4 怎麼樣才是妳理想的結果？

Q5 妳現在正努力做什麼讓狀況趨近理想？

Q6 如果要告訴對方妳心中的不滿，妳會怎麼說？

Q7 妳覺得對方聽了之後，
可能會產生什麼感覺、採取什麼樣的行動？

Q8 回答完 Q1 ~ Q7 後，妳認為妳現在應該要做什麼才好？

　　有些事情，不見得和對方講明會比較好。我並不鼓勵各位直接表達自己的不滿，而是希望我們能在綜觀事情全貌的情況下，去思考自己應該做什麼才好。

　　有些情況，什麼都不要說，和對方拉開距離可能才是最好的選擇。有時即使關係惡化，誠實說出自己的感受或許才是上上策。

#decision

選擇時的迷惘

人生就是一次又一次的選擇與決斷。

當妳決定獲得什麼時，同時也必須捨棄什麼。

或許妳其實想「把過去累積的一切都留下來，同時也獲取新的東西」，或是在 A 與 B 之間搖擺時覺得「我全都要！」然而這是辦不到的。

好比說妳把工作上拿出成果視為第一要務，那麼就必須花費時間和精力。買東西時猶豫要買 A 還是買 B 時，雖然也可以選擇都買下來，但同時也會損失一些家裡的空間。

妳或許可以和男朋友維持良好關係，同時和其他男人玩玩。但妳也會因此喪失妳的良心。

如果算上一些小事，我們每天都會做出好幾次「留下什麼、放下什麼」的抉擇。

而每項抉擇的判斷基準，就是妳的價值觀，以及依循價值觀所排出的優先順序。

書中一而再再而三地提到，妳的價值觀，以及珍重價值觀並向前邁進的堅強意志及行動力十分重要。

如果妳已經習慣回答問題，那麼這邊提出的問題，妳都能運用在各種情況上。

即使迷惘的內容不一樣，問題的本質還是相同的，所以舉棋不定的時候，就把妳的狀況套進這些問題，並寫出答案吧。

朋友找妳商量事情時也可以問對方這些問題，並幫助對方一起寫下答案，我想這會幫助妳們跨出解決問題的一大步。

【迷惘不知道該選 A 或 B】

EX. ·新工作要到 A 公司還是 B 公司？
    ·要不要承接新案子？
    ·房子要選在都心還是郊外？ ……等等

筆記紙直向分成左右兩半，左邊寫上選擇 A 時【Q1～Q5】的答案，右邊則寫上選擇 B 時的答案（也可以做成表格）。寫完後，左右比對看看選項 A 和選項 B 的答案。

Q1 這個選項的好處

Q2 這個選項的壞處

Q3 如果選擇這個選項，妳的心情會怎麼樣？

Q4 如果選擇這個選項，
妳覺得會有什麼樣的未來等著妳？

Q5 如果不選擇這個選項，
妳覺得會有什麼樣的未來等著妳？

好，看過這些答案後，妳覺得哪個選擇才是最好的呢？

用腦袋思考、用心感受，雙管齊下，最後憑藉自己的直覺給出答案吧。

【迷惘要不要放棄持續至今的事情】

`EX.` ・我要辭職嗎？
‧我要和現在的男朋友（老公）分開嗎？
‧我要放棄現在這間房子嗎？……等等

Q1 什麼事情是妳持續至今，
現在卻猶豫要不要放棄的？

Q2 如果放棄了，妳覺得會有什麼樣的未來等著妳？

Q3 如果放棄了，妳的心情會怎麼樣？
請試著想像，並寫出來。

Q4 放棄不了的理由是什麼？
沒有放棄的話，那相對來說獲得了什麼？

Q5 再問一次，妳要放棄嗎？還是要繼續呢？

　　妳現在決定的事情，就是妳給出的答案，所以我們要予以尊重。一旦下定決心就要貫徹到底，絕對不能反悔。即使過程產生不安，也只是剛開始的事情。我們不要再回頭，只要在前進的路上找到新的答案就行了。

　　如果躊躇不前，妳未來還是會被一樣的問題困住。

【迷惘要不要跨出全新的一步時】

EX. · 這筆生意會不會成功？
· 真的要和這個人結婚嗎？
· 搬到國外住真的沒問題嗎？……等等

Q1 讓妳猶豫要不要跨出
嶄新一步的原因是什麼？

Q2 如果跨出去，妳覺得會有什麼樣的未來等著妳？

Q3 如果跨出去，妳的心情會怎麼樣？
請試著想像，並寫出來。

Q4 妳為什麼沒辦法跨出全新的一步？
如果不跨出步伐，那相對來說獲得了什麼？

Q5 再問一次，妳要面對新的開始嗎？還是算了呢？

人會恐懼環境產生變化，恐懼拋開持續至今的事物，擔憂新的開始如果失敗該怎麼辦。

維持現狀也許既輕鬆，又沒有什麼好擔心的，但也不會有任何成長。

妳要選擇沒有成長的安心？還是即使不安，也要選擇會成長的路呢？

THIS IS YOUR LIFE.

DO WHAT YOU LOVE,
AND DO IT OFTEN.

IF YOU DON'T LIKE SOMETHING, CHANGE IT.

IF YOU DON'T LIKE YOUR JOB, QUIT.

IF YOU DON'T HAVE ENOUGH TIME, STOP WATCHING TV.

IF YOU ARE LOOKING FOR THE LOVE OF YOUR LIFE, STOP;

THEY WILL BE WAITING FOR YOU WHEN YOU

START DOING THINGS YOU LOVE.

STOP OVER ANALYZING, ALL EMOTIONS ARE BEAUTIFUL.

LIFE IS SIMPLE.
WHEN YOU EAT, APPRECIATE
EVERY LAST BITE.

OPEN YOUR MIND, ARMS, AND HEART TO NEW THINGS
AND PEOPLE, WE ARE UNITED IN OUR DIFFERENCES.

ASK THE NEXT PERSON YOU SEE WHAT THEIR PASSION IS,
AND SHARE YOUR INSPIRING DREAM WITH THEM.

TRAVEL OFTEN;
GETTING LOST WILL
HELP YOU FIND YOURSELF.

SOME OPPORTUNITIES ONLY COME ONCE, SEIZE THEM.

LIFE IS ABOUT THE PEOPLE YOU MEET, AND
THE THINGS YOU CREATE WITH THEM
SO GO OUT AND START CREATING.

LIFE IS SHORT. LIVE YOUR DREAM AND SHARE YOUR PASSION.

"THE HOLSTEE MANIFESTO" ©2009   WRITTEN BY DAVE, MIKE & FABIAN   DESIGN BY RACHAEL   WWW.HOLSTEE.COM/MANIFESTO

這是妳的人生。
去做妳喜歡的事情，而且還要盡情地做。

如果有不怎麼中意的事情，那就改變它。
如果不喜歡現在的工作，那就辭職。
如果時間不夠用，那就別再看電視了。

如果妳花了整個人生尋找愛人，也別再這麼做了。
那個人，會在妳開始做妳喜歡的事情後出現的。
別再想得那麼複雜，人生其實很簡單。

所有的感情都很美。吃飯時，要一口一口細細品味。
用心感受嶄新的事物、人們的邂逅，打開妳的雙臂、敞開妳的心房。
我們因為彼此的不同而產生聯繫。

側耳傾聽，身邊的人們對什麼事情傾注了熱情。
然後也對那些人訴說妳自己的夢想吧。
多多去旅行。
迷路的經驗，會使妳發現全新的自己。

有時，機會只上門一次，要好好把握。
人生就是妳遇見的人們，就是由那些人和妳所建立的一切。
所以，別再等待了，趕快構築妳的人生吧。

人生苦短。滿懷熱情，活出自己的夢想吧。

——紐約環保設計服飾品牌 Holstee 的宣言（社訓）。這篇文章十分有名，受到世界
各地的人轉載，分享次數超乎想像。

結語

在摩納哥，與過去的自己、未來的自己對話

面對自己的功課，要持續到死亡來臨的那一天為止。

即使覺得「我好討厭這樣的自己！」妳也沒辦法換個身體，成為其他人。

幸福的最短捷徑，就是接受現在的自己、愛上自己。

如果抱著「變成某某人的話，就有辦法愛自己了」的想法，那即使這件事情成真，妳心裡還是會冒出想要變成其他東西的渴望，過了多久都無法獲得幸福。

我相信書中出現的問題，可以大大幫助妳走上「接受自己、愛上自己」的路途。

「前言」中也寫到，我 20 歲時，在倫敦單人遊的那 2 個禮拜間不停地詢問自己書中出現的問題，至今 16 年來未曾中斷。

所以，我有自信我比任何人都了解我自己，這件事也成了我活下去的信心。

我體會到獨自旅遊倫敦的感覺有多美好之後，也到過全球 30 個以上的國家旅行。其中我最喜歡的地方，就是摩納哥。

我第一次去摩納哥時是 23 歲，在歐洲幫忙進行採買工作時順道經過的。

提到摩納哥，最有名的就是 F1 賽車了。此外也給人一種雍容華貴的印象，住著許多來自世界各地的有錢人。當時年紀輕輕的我興奮不已，沒想到自己竟然就站在嚮往的土地上，簡直像在作夢一樣。我眺望著蔚藍海岸的風光，沉醉於那份雀躍的感覺。

當時在摩納哥的街上也有一點自由時間，所以我就獨自前往蒙地卡羅賭場（Grand Casino）前廣場的一間 Café de Paris 咖啡館喝喝下午茶，與自己進行對話。

「接下來我想怎麼樣？我要做什麼？會遇見誰？想要變成怎麼樣的人？」

在我進行大量自我問答的過程中，我彷彿穿越了時空，回到 3 年前在倫敦一股腦兒與自己對話的時候。

身處於摩納哥的「現在的我」，銜接上了身在倫敦時的「過去的我」，這兩個我就這麼談起話來了！

「從那之後已經過了 3 年，現在過得怎麼樣？妳已經實現那個時候寫下的事情了嗎？」「那之後我發生了這樣的事情，現在已經變成這樣了呢！那時對自己許下的承諾，已經確實做到了喔！」大概就像這個樣子。

這種穿越時空的感覺令我備感衝擊，使我深深感受到「只要來這個地方，就能和過去的自己進行對話！」

話是這麼說，可是搞不好之後沒有機會再來摩納哥了……面對現實時，令當時的我感覺有些淒涼。然而潛意識中的自己替我牢牢記著這件事，又過了 3 年，再次得到了前往摩納哥的機會。

第二次時，我和 3 年前初訪摩納哥的「過去的自己」對話，這時突然冒出一個念頭：「我有沒有辦法和未來取得聯繫呢？」便試著聯絡了「未來的我」。

「我這麼做，成為了理想的自己、實現了夢想。未來的妳一定已經實現我現在的夢想了對不對？我一定會走到那裡的，妳看著吧！等我過去找妳！！」大概就是這種感覺。

因為我實在太想多和過去的自己、未來的自己對話，所以我後來竟然變得每年都會到摩納哥旅遊了……！

衷心希望，妳也能藉由這本書，和自己建立起良好關係，並感受到許許多多的愛，過上多采多姿且幸福的人生。

長谷川朋美

PROFILE

長谷川朋美（Hasegawa Tomomi）

美LIFE創辦人、株式會社LUMIERE董事長、NPO法人日本Holistic Beauty協會宣傳部長。
1981年出生，高中輟學後獨自闖蕩東京，成為SHIBUYA109百貨的超人氣店員。22歲創業後，整整8年經營著總計6周綜合美容沙龍。30歲時，相伴10年的人生摯愛離世，此後她發誓「每一天要過得無怨無悔！」於是放下過去的事業，從零開始，貫徹絕不妥協的生活方式。
如今，她主理一間學院，將女性如何在身心方面都過得健康、美麗、且精采又幸福的方法整理出一套體系。同時也於全日本舉辦演講、製作商品、策劃活動、提筆創作。此外也遨遊全世界，力行自由且創造力十足的生活方式，並於網路上公開分享。部落格單月瀏覽人次超過60萬。2014年參加節目「改變人生的一分鐘深刻佳話」（日本電視台），一炮而紅。
著書包含大和書房出版的《把想做的一切做好做滿的人生》（やりたいことを全部やる人生）、《如何用你喜歡的事物來生財》（好きなことでお金を稼ぐ方法）、《好好被愛，工作和戀愛兩全的秘密》（愛されながら仕事も恋も成功する方法）、《對自己毫無欺瞞的生活方式》（自分に嘘のない生き方）、KADOKAWA出版的《實現自我夢想的Life Style》（私らしく夢を実現するライフスタイル）、以及Bestsellers出版的《讓自己和每天的生活散發光彩的50個習慣》（自分と毎日が輝き出す50の習慣）。

長谷川朋美個人官方網站
http://tomomihasegawa.com/

長谷川朋美個人官方部落格
https://ameblo.jp/lumiere-beauty/

長谷川朋美【官方】Youtube頻道
https://www.youtube.com/user/lumieretomomi

Beautylife學院
http://www.beautylife-a.com/

TITLE

雖然對未來很迷惘但沒關係　從找自己開始吧！

STAFF

出版	瑞昇文化事業股份有限公司
作者	長谷川朋美
譯者	沈俊傑
總編輯	郭湘齡
責任編輯	蕭妤秦
文字編輯	徐承義　張聿雯
美術編輯	許菩真
排版	曾兆珩
製版	明宏彩色照相製版有限公司
印刷	龍岡數位文化股份有限公司
法律顧問	立勤國際法律事務所　黃沛聲律師
戶名	瑞昇文化事業股份有限公司
劃撥帳號	19598343
地址	新北市中和區景平路464巷2弄1-4號
電話	(02)2945-3191
傳真	(02)2945-3190
網址	www.rising-books.com.tw
Mail	deepblue@rising-books.com.tw
初版日期	2020年12月
定價	320元

國內著作權保障，請勿翻印／如有破損或裝訂錯誤請寄回更換

ORIGINAL JAPANESE EDITION STAFF

写真	no111 BLOOM（オビ・P.1・P.21・P.127）
ヘアメイク	REGALO.YUKA（オビ・P.1・P.21・P.127）
店舗情報	エスメラルダ（オビ・P.1）
	住所：神奈川県三浦郡葉山町堀内997-20-A
	FACEBOOK：@esmeralda.hayama
	Sunny Funny Days（オビ・P.1・P.21）
	住所：神奈川県三浦郡葉山町一色2378-3
	WEBSITE：https://www.sunnyfunnydays.co
ブックデザイン	吉村 亮、望月春花（Yoshi-des.）
カバー印刷	歩プロセス
本文印刷	光邦
製本所	ナショナル製本

國家圖書館出版品預行編目資料

雖然對未來很迷惘但沒關係 從找自己
開始吧!/長谷川朋美作；沈俊傑譯. -- 初
版. -- 新北市：瑞昇文化事業股份有限
公司, 2020.12
160面；14.8 X 21公分

ISBN 978-986-401-454-5(平裝)

1.自我實現 2.生活指導 3.女性

177.2   109017801